シリーズ「遺跡を学ぶ」128

縄文の女性シャーマン

カリンバ遺跡

木村英明・上屋眞一

新泉社

縄文の女性シャーマン
―カリンバ遺跡―

木村英明・上屋眞一

【目次】

編集委員
勅使河原彰（代表）
小野　昭
小野正敏
石川日出志
小澤　毅
佐々木憲一

装　幀　新谷雅宣
本文図版　松澤利絵

第1章　カリンバ遺跡の発見

1　ベンガラと赤い漆

カリンバ遺跡は、縄文時代早期から近世アイヌ期までの文化層が重なり合う、北海道恵庭《えにわ》市を代表する遺跡である。この遺跡が注目を集めたきっかけは、縄文時代後期末葉・晩期初頭の土坑墓《どこうぼ》がまとまってみつかり、なかには複数の死者をいっしょに埋葬したとみられるひときわ大きな合葬墓が四基含まれていたことであった。

土坑墓の底近くに厚くおおうベンガラ（赤色顔料）層のなかから、被葬者の髪を飾っていたとみられる櫛をはじめ、これまで目にしたことのない環状の帯飾りや頭飾り、耳飾り、腕輪など彩りあざやかな漆製品が大量に出土し、「縄文の人びとの特別な埋葬観念」「ユニークなおしゃれと美的センス」「優れた漆工技術」、そして「当時の社会の一端を映し出す貴重な発見」などと大きな話題をよんだ（**図1**）。二〇〇五年には遺跡の重要性が認められ、国史跡として正

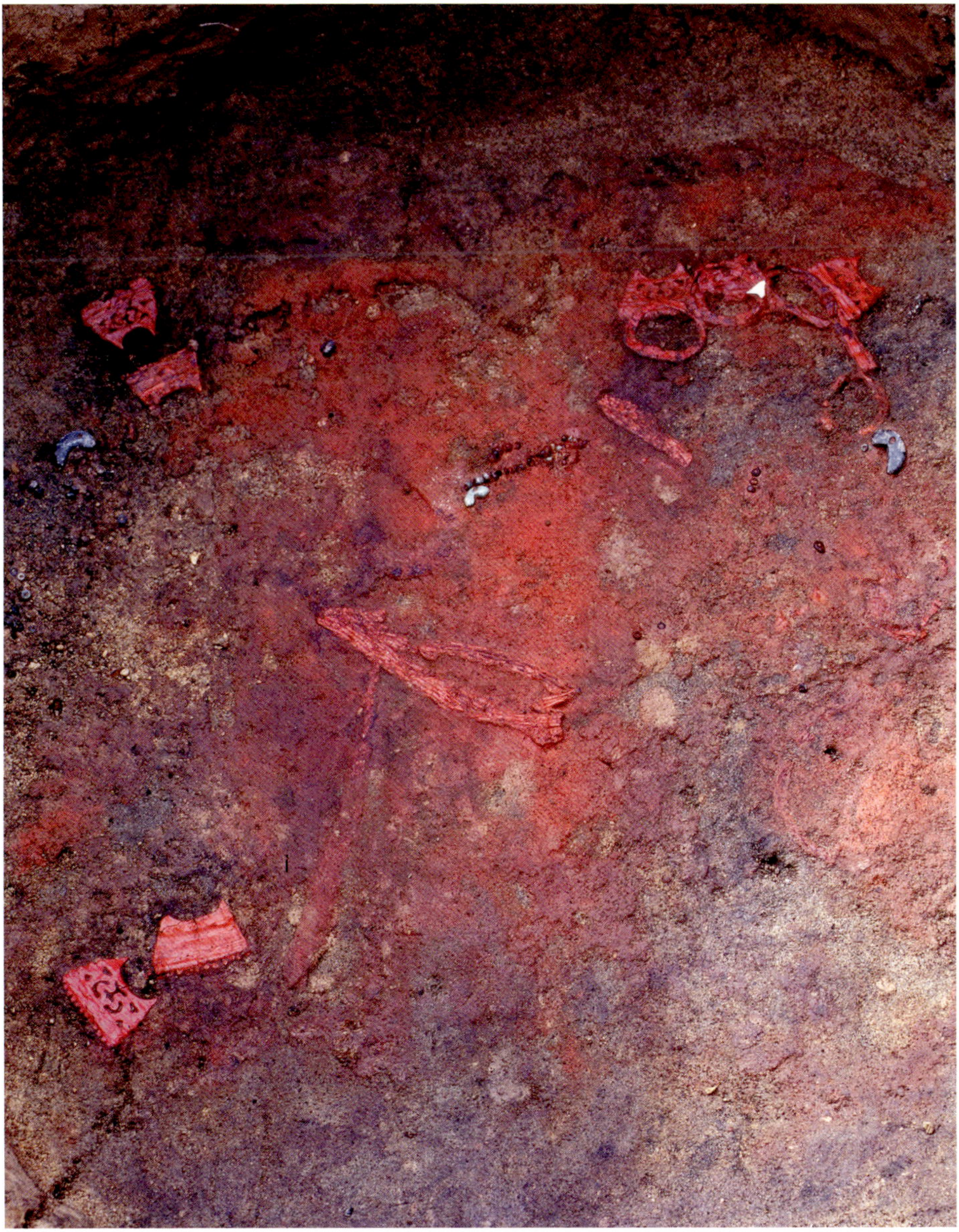

図１● 123号合葬墓の副葬品出土状態
赤いベンガラにまぎれて坑底面に広がる紅色、赤桃色、橙色をしたあざやかな漆塗りの装身具と玉。かろうじて残る歯の痕跡や変色した土の汚れ（遺体層）から、遺体数や装身具のつけ方を推定できる。

式に登録され、二〇〇六年には漆製品などの貴重な出土品が国重要文化財となった。

縄文人の心の奥深くまで分け入ることはなかなか難しい課題であるが、地中に埋もれた痕跡を手がかりに失われた歴史を解明する考古学は、思いがけない発見に遭遇し、視界が急に開けることも少なくない。カリンバ遺跡のこれまで目にしたことのない美と技の発見から、縄文人の精神世界をみなさんと訪ねてみよう。

2 カリンバ川の名残り

カリンバ遺跡がある恵庭市は、北海道の地形を大きく東西に分ける、日本海側の石狩平野と太平洋側の勇払《ゆうふつ》平野とを結ぶ石狩低地帯のなかほどにある（図2）。

恵庭市内には、千歳川に合流する島松川・漁川《いざり》・ルルマップ川・長都《おさつ》川や、漁川に合流する茂漁《もいざり》川・イチャンコッペ川・ラルマナイ川、そしてルルマップ川に合流する柏木川、長都川に合流するユカンボシ川など大小多くの河川が流れ、やがて石狩川に合流し日本海へと注ぐ。その間、平野部特有の低平な地形をあちこちにつくりだしている。

地形は、標高一〇〜二五メートルの沼沢・低湿地と標高二五〜三五メートルの低位段丘、そして標高五〇メートル以上の西部の丘陵地に大別できるが、カリンバ遺跡は、市街中心部に近い沼沢・低湿地から低位段丘面にかけて、標高二二〜二六・五メートルに立地する（図3）。

明治時代の地図に描かれたかつての流れをいまはみることはできないが、遺跡の片隅に注ぐ

カリンバ遺跡（南から撮影）。左下から斜め右上にのびる細長い土の部分が発掘調査区。ここから手前が段丘面で墓域に利用され、奥の林が低湿地で生活遺構が出土している。

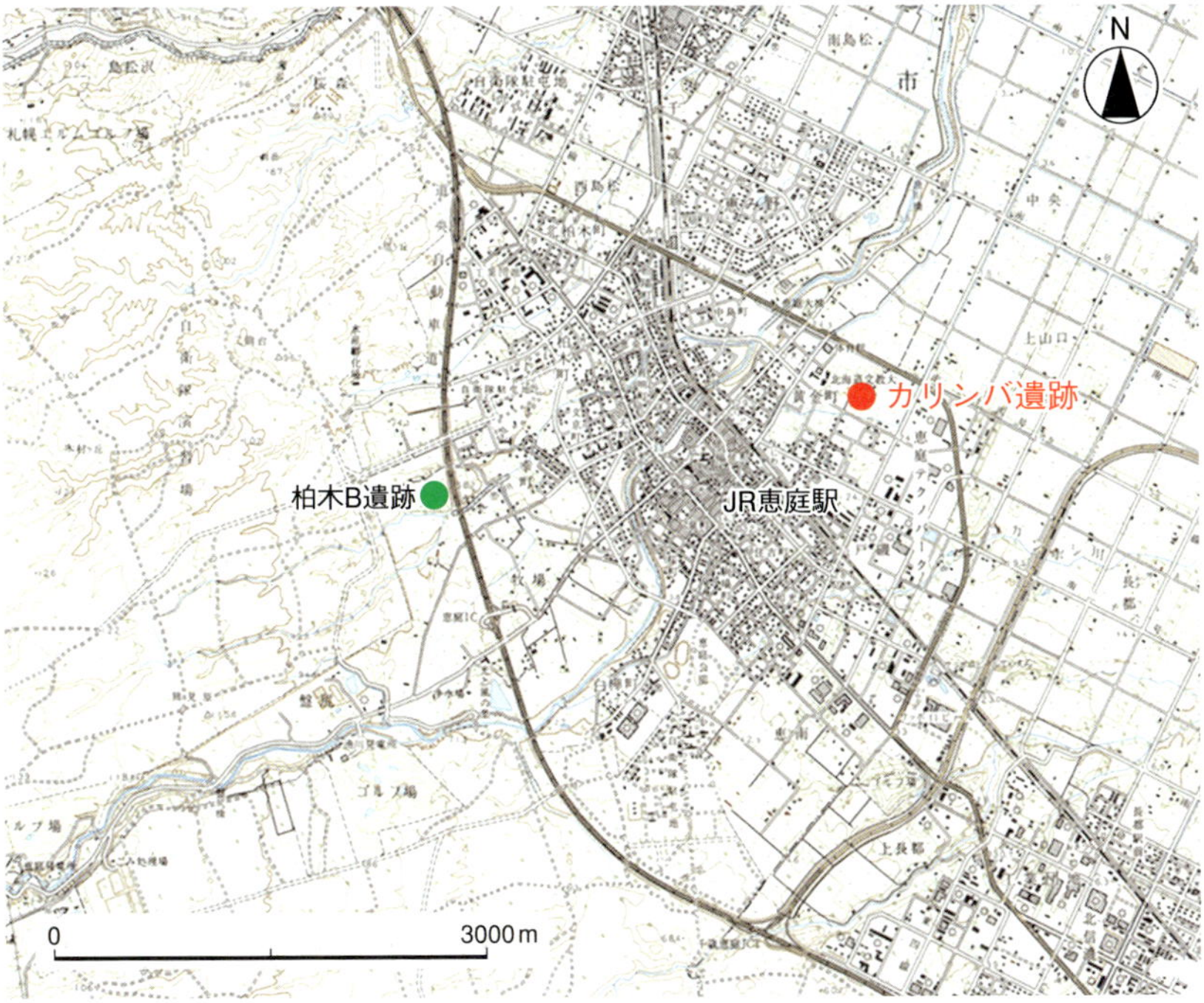

図２ ● カリンバ遺跡の位置

カリンバ遺跡は、北海道を二分する「石狩低地帯」のなかほどに位置する恵庭市の市街中心部に近い黄金町にある。同じく縄文文化の研究史上に名を残す柏木Ｂ遺跡が、カリンバ遺跡の西方約３㎞に位置していたが、土取りによりすでに姿を消している。

湧水やヤチダモやハンノキなどの小さな森のなかに広がる沼地は、北に広がる湿原地帯を流れ下りながらやがて千歳川へと注ぐ小さなカリンバ川の名残りである。カリンバといえば、板や箱の上にならぶ鉄線を指先ではじきながら演奏するアフリカの楽器を思い出すが、ここでは「桜の木」をあらわすアイヌ語「カリンバ」に由来する。春から初夏にかけて、小さな森の林床にはミズバショウやオオバナノエンレイソウなどが咲き誇り、当時の自然の美しさをいまに伝えている。

3 学術調査のはじまり

一九七五年秋、城紀重《しろのりしげ》さんの畑は収穫を終えたばかり。そこで楽しく遊んでいた隣人、大藤清さんの子どもたちが、たまたま土器のかけらを発見した。カリンバ遺跡の存在が明らかとなったきっかけである。その情報と採集資料はただちに知人を介して札幌大学文化交流特別研究所の私（木村）の下に寄せられた。

一見して続縄文時代後葉の後北《こうほく》C2・D式土器や後続の擦文《さつもん》土器などが含まれていることがわかり、さっそく現地を訪ねてみた。沼地近くには円形の凹みがあり、畑地全体には平らで良好な地形が広がり、想像以上に規模の大きい遺跡であることを確信した。

翌年、旧地形がそのまま残る畑地の北西部、沼地近くに発掘区を設け、くぼみの調査から開始した。予想どおり、擦文時代初頭の竪穴住居址があらわれた。この時期の集落の存在はもち

発掘調査風景（西方より）

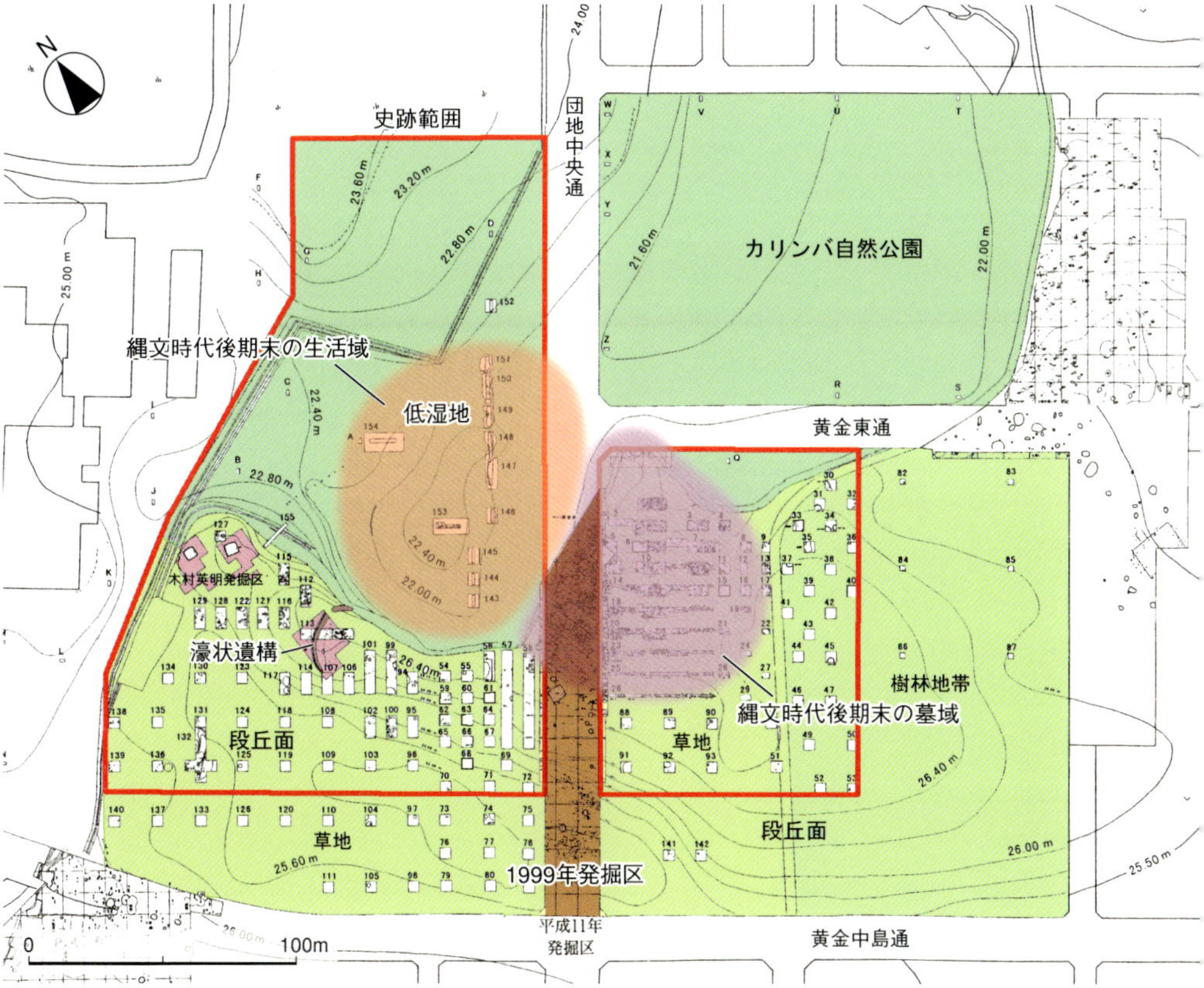

図３ ● カリンバ遺跡の地形と発掘区
標高25ｍから26.5ｍの段丘面に縄文時代、続縄文時代、擦文時代、アイヌ文化期の遺構が多数残こり、北側の標高22ｍ前後の低湿地に縄文時代後期末の生活遺構がみつかっている。

ろん、周囲から縄文土器や続縄文土器の破片が多数出土し、この地が長期間利用されたことは疑いない。

思いがけず、同じ恵庭市の柏木《かしわぎ》B遺跡の緊急調査で中断を余儀なくされるが、一九八二年に再開し、一九八四年まで続けた。縄文時代後期末葉の土坑墓やアイヌ文化期のチャシの祖形らしい「濠」状遺構などもみつかり（**図4**）、狭い範囲での調査ながら、恵庭市の歴史を語るうえで欠かすことのできない遺跡であることを明らかにした。調査の結果をふまえ、遺跡の保存など、今後の取り扱いについて恵庭市教育委員会と協議していくことになった。

図4●「濠」状遺構
低位段丘から低湿地へと弧状にのびる特異な遺構で、杭穴が内側にならぶ様子は、柵列もある防御的施設と推察できる。擦文時代もしくは近世アイヌ期の遺構とみられ、近世アイヌ期のチャシの起源を考えるうえで貴重な遺構。

4　縄文時代の新世界

縄文時代の土坑墓群発見

その後、一九九〇年に、恵庭駅の北部地域、カリンバ遺跡がある黄金地区の開発計画が明らかになり、遺跡の破壊が一度は危惧された。あらためて恵庭市教育委員会と札幌大学が合同で遺跡周辺の試掘調査を実施し、段丘の東側へとのびる確かな遺跡の広がりを突き止めた。

その結果、遺跡の重要性を再認識した恵庭市は、ただちに関係機関による調整、協議を進め、開発計画の見直し、保存へと舵を切る。しかしながら、一九九九年に至って、幹線道路としての「団地中央通り」建設予定地は変更が難しいと判断され、やむをえず、恵庭市教育委員会の上屋《うわや》眞一を担当者とする緊急発掘調査を実施することとなった。

発掘調査は、黄金中島通《こがねなかじま》と黄金東通にはさまれた、道路予定地の南北一六〇メートル、東西二〇メートルの範囲に細長くのびるおよそ三〇〇〇平方メートルの発掘区でおこなわれた。まず上層では近世アイヌ期の土坑墓・杭穴群、本州の中世に相当する擦文時代の竪穴住居址（五

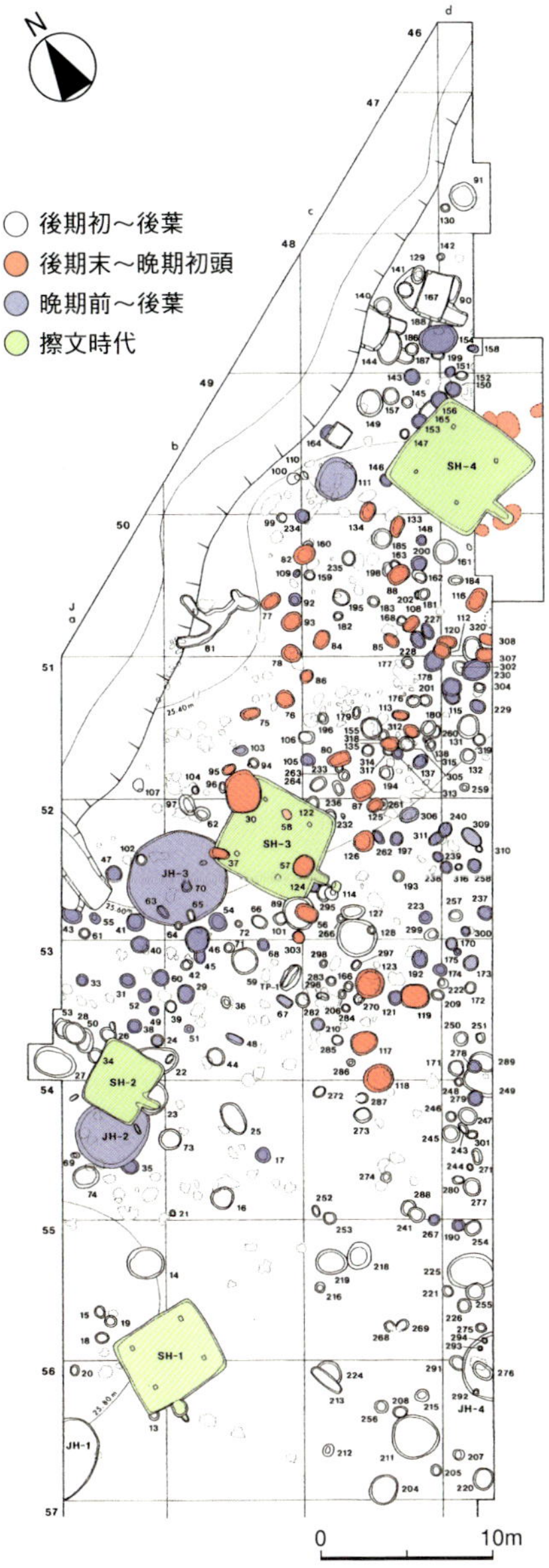

図5 ● 発掘調査区内の遺構群
縄文時代の住居跡や土坑墓がつぎつぎとみつかった。緑色の方形の竪穴住居跡は約1200年前の擦文時代のもの。

基）が出土し、しだいに縄文時代の遺構へと時代をさかのぼっていったが、みつかった遺構は当初の予想をはるかに超え、縄文時代早期以降、近世アイヌ期までの各時代の遺構が重なり合うように密集し、発掘区一面に広がっていた（図5）。

とりわけ縄文時代の土坑墓群が集中的に分布していた。擦文時代の竪穴住居址の調査中に、住居の壁面と床面に顔を出したのを機につぎつぎとみつかり、最終的には縄文時代の土坑・土坑墓は三〇九基を数えた。遺物は、遺構の内外から出土し、土器、石器、漆製品、玉類などあわせて二〇万点を超す。

本書でとり上げる縄文時代後期末葉の土坑墓は、少なくとも三六基を数える（詳細は表1参照）。なかでも、われわれの目を釘づけにしたのが、三〇号土坑墓を皮切りに相次いでみつかった四基の特大の土坑墓だ。墓の底付近が大量の櫛や腕輪などの漆製品や玉類に満たされた土坑墓は、まさに縄文時代の新世界とでも表現できよう。

発掘に追われるなかで現地保存という微かな可能性を探りつつ、たびたび遺跡見学会を企画・開催したところ、大きな反響をよび、幸運にも、市民が「カリンバの会」を結成し、継続的に支援してくれることとなった。

一九九九年一〇月、感動とは裏腹に、発掘は正念場を迎えていた。残された発掘期間もわずか、雪が降りはじめる厳しい環境のなかで、この土坑墓を毀損せずいかに後世に残し伝えるか、大きな決断を迫られた。結局、大きな合葬墓三基については、土坑墓ごとそっくり切りとり、室内で調査を進めるという策を選択し（図6）、調査をひとまず完了させることとした。

表１ ● 土坑墓・出土遺物一覧（円礫や遺物の点数については自然礫や破片の扱いなどのちがいで本文と異なる箇所もある）

分類	通No.	土坑墓	属性 平面形	属性 上面(cm) 長径	属性 上面(cm) 短径	属性 下底(cm) 長径	属性 下底(cm) 短径	属性 面積(㎡)	属性 長幅比	属性 深さ(cm)	属性 長軸方位	標識 円礫	標識 小砂利(マウンド)	ベンガラ 覆土 上部	ベンガラ 覆土 下部	ベンガラ 底面	覆土上部 漆器片	覆土上部 櫛	覆土上部 玉	覆土上部 石棒	覆土上部 土器 鉢	覆土上部 土器 注口	覆土上部 土器 壺	覆土上部 土器 浅鉢	計	副葬品 漆製品 櫛 透し文様	副葬品 漆製品 櫛 透無	副葬品 漆製品 腕輪	副葬品 漆製品 頭飾り	副葬品 漆製品 額飾り	副葬品 漆製品 耳飾り	副葬品 漆製品 胸飾り	副葬品 漆製品 腰飾り帯	副葬品 漆製品 紐状製品	副葬品 漆製品 かんざし	副葬品 漆製品 漆器片	副葬品 玉(翡翠製以外) 勾玉	副葬品 玉(翡翠製以外) 小玉	副葬品 玉(翡翠製以外) 棗玉	副葬品 玉(翡翠製以外) 大玉	副葬品 玉(翡翠製以外) 垂飾	副葬品 玉(翡翠製以外) 管玉	副葬品 玉(翡翠製以外) その他	副葬品 翡翠製 勾玉	副葬品 翡翠製 丸玉	副葬品 土玉	副葬品 サメ歯	副葬品 石棒	副葬品 つまみ付ナイフ	副葬品 たたき石	副葬品 マンガン鉱	計
1類	1	75	楕円形	113	64	87	46	0.60	1.77	45	W-19°-N																																				2				2
	2	76	楕円形	105	93	94	74	0.77	1.13	28	W-53°-N					1																					1	5			1												7
	3	77	楕円形	115	75	87	58	0.72	1.53	38	W-5°-S					1																					3	24		1													28
	4	78	楕円形	112	96	87	77	0.86	1.17	50	W-27°-N					1											1										4	27		1		1	1				1					36
	5	84	楕円形	110	84	91	56	0.75	1.31	37	W-28°-S					1																																				0
	6	85	楕円形	95	63	76	44	0.49	1.51	40	W-76°-N	1																																				1				1
	7	86	楕円形	86	74	70	59	0.48	1.16	42	W-11°-S					1																						1	4													5
	8	93	楕円形	118	96	106	74	0.9	1.23	24	W-4°-S					1																											1									1
	9	95	楕円形	82	55	83	43	0.35	1.49	36	W-4°-N					1																																				0
	10	108	楕円形	109	70	110	40	0.64	1.56	55	W-6°-S																																									0
	11	113	楕円形	97	53	91	37	0.44	1.83	43	W-35°-N	52				1											1										2	23			1											27
	12	116	楕円形	141	87	111	65	1.1	1.62	50	W-27°-S	30				1											1										1	19				2	1									24
	13	117	楕円形	153	122	138	104	1.53	1.25	46	W-4°-N					1										1		1										56														58
	14	125	楕円形	96	68	71	45	0.55	1.41	29	W-5°-S				1																																					0
	15	126	円形	121	113	103	89	1.10	1.07	52	W-15°-S	2				1						1		1	2		2											17														19
	16	133	楕円形	123	68	94	50	0.71	1.81	43	W-34°-S																																									0
	17	134	楕円形	117	84	95	68	0.79	1.39	28	W-42°-S	22	1													1		1																								2
	18	135	楕円形	103	77	94	56	0.65	1.34	38	W-38°-N					1											1											56		2		2				1	18					80
	19	303	不明	(64)	(50)	(55)	(23)	(0.13)		40																1	3	1										15														20
	20	312	楕円形	94	68	76	56	0.51	1.38	19	W-69°-N					1																																				0
	小計											107	1		1	13						1		1	2	3	9	3										11	243	4	4	2	5	3			1	19	3				310
2類	1	37	楕円形	117	61	95	58	0.68	1.92	62	W-49-N																											13	21													34
	2	56	楕円形	142	94	119	70	1.10	1.51	71	W-61-N					1										2																					1					3
	3	57	楕円形	(130)	(110)	(126)	(106)	1.19		70	W-20°-S					1											2									6	1			1	1	1	1			9						22
	4	58	不明	(63)	(40)	(63)	(40)	0.19		66																																										0
	5	80	楕円形	135	80	117	53	0.92	1.69	72	W-18°-S					1					1		1		2																											0
	6	82	楕円形	135	105	93	73	1.11	1.29	100	W-20°-S	24	1			1							1	3	4		1											52									4					57
	7	87	楕円形	132	104	110	67	1.13	1.27	62	W-4°-N					1											1									1	1															3
	8	88	楕円形	131	96	111	76	1.05	1.36	80	W-9°-N					1																												2	1								3
	9	112	楕円形	103	80	86	62	0.74	1.29	60	W-57°-N	1				1																															1			1		2
	10	120	楕円形	118	57	95	46	0.78	2.07	83	W-30°-N					1																																				0
	11	307	楕円形	(104)	86	(103)	63	0.91		88	W-29°-N					1																																				0
	12	308	楕円形	(86)	63	(125)	64	0.61		115	W-48-N																																									0
	小計											25	1			9					1		2	3	6	2	4										7	2	65	21	1	1	1	1	2	1	9	6			1		124
3類	1	30	楕円形	246	206	210	200	4.13	1.19	100	W-55°-S		1	1		1		1	37	1	1	1	1		42	8		7										2	208			4		1						1	1		232
	2	118	円形	165	150	134	128	2.01	1.10	92	W-2°-S	5				1	1					2		2	5	7	3	15	1		2	1						1	49					2				28				2	111
	3	119	楕円形	165	140	155	130	1.94	1.18	65	W-34°-N					1	1								1	2	11	6	2	2	3		1		3		6	103			2						1					142
	4	123	円形	165	158	142	124	2.07	1.04	91	W-22°-S	3				1						1			1	5	2	4	1	4	2		1	1			7	141			2						2					172
	小計											8	1	1		4	2	1	37	1	1	4	1	2	49	22	16	32	4	6	7	1	2	1	3		16	501			8		3				31		1	1	2	657

奈良国立文化財研究所の沢田正昭さんの指導の下、しっかりと養生した三基の土坑墓は、奈良を経由し、埼玉県の東都文化財保存研究所へと運び込まれた。保存処置を講じながら時間をかけての発掘である。遺体は腐朽し、姿をとどめていないが、辛うじて残る歯、赤色顔料の層、黒ずみ粘質を帯びる独特の遺体層が広がっていた。装身具や副葬品など覆土中の痕跡や変化を注意深く観察していった。こうして室内で掘り下げていく過程で、それぞれの墓に合葬された被葬者の数や配置を具体的に推定することが可能となり、弔いの詳細、被葬者の服装やおしゃれ、被葬者が属する社会を考察するうえで貴重な手がかりを得たのである。

合葬墓３基を切りとる

トラックに積み込む

119号合葬墓の室内調査の開始

現場来訪の佐原 眞さん

図6 ● 合葬墓の切りとり調査

遺跡から切りとった合葬墓3基は、1999年11月下旬、初冬の北海道からフェリーで奈良市内に搬送し、翌年、埼玉県川口市の研究所で室内調査を続行した。この貴重な切りとり作戦は、当時、国立歴史民俗博物館の館長佐原眞氏に支援を依頼し実現した。

居住・生活空間？の発見

翌二〇〇〇年、遺跡の重要性を再評価する目的で追加の試掘調査をおこなったところ、遺跡は段丘面の東西一六〇メートル、南北一二〇メートルの範囲に広がることが判明し、土坑・土坑墓だけでも三〇〇〇基以上が存在し、縄文時代後期〜晩期の土坑墓が主体をなすものと推定できた。しかし不思議なことに、広範囲におよぶ試掘調査でも土坑墓と同じ時期の住居址はみつからず、大きな疑問も残った。そこで対象を現在の低湿地にも広げ、試掘調査をおこなった。緊急的に水を遮断してごく狭い範囲の調査ながら、貴重な情報を得ることができた。

低湿地の地表面下約一・五〜二メートルに、貯蔵穴や多数の柱穴・杭穴、焼土、灰層などがみつかり、後期末葉の土器をはじめ、石器、漆塗り櫛や腕輪、サメ歯、滑石《かっせき》製の玉、赤色顔料などの遺物が多数出土した。土坑墓と同時期のもので、墓域に隣接する居住・生活空間であることを示す有力な証拠である。

なかには、顔料をすり潰して粉にする際の道具とみられる石皿《いしざら》様の板状礫なども出土しており、漆製品の製作工程を示す資料といえよう。これまでのところ、漆液などの直接的な証拠は得られていないものの、低湿地域が漆塗り装身具類の製作地であったことも推定可能となった。漆製品の製作に不可欠な、湿度の高さが備わっていたからと推察される。

このほか多くの焼土と灰のなかからサケ、シカ、イノシシなどの動物遺存体、オニグルミ、カシワ、ブドウ、キハダなど食用可能な植物遺存体も検出されており、後期〜晩期の食生活・環境を解き明かす貴重な資料である。

第2章　埋葬の情景

1　大小二種類の土坑墓

土坑墓の範囲

カリンバ遺跡を代表する縄文時代後期末葉の土坑墓群は、低位段丘の平坦面の標高二五〜二六・五メートルの場所に分布している。この比較的高い場所を墓域として選地したことがわかる。詳細な分布調査の結果を加味すると、その中心はおよそ南北八〇メートル、東西一〇〇メートルの範囲内にまとまり、二〇〇基ほどの土坑墓が存在したと予想できる。

先述のとおり、一九九九年の発掘調査でみつかったこの時期の土坑墓は三六基であるが、墓域全体のなかでは西方に位置し、なかでも大型の土坑墓は、やや離れ気味の三〇号を含めて、およそ分布域の西端にまとまる（図7）。

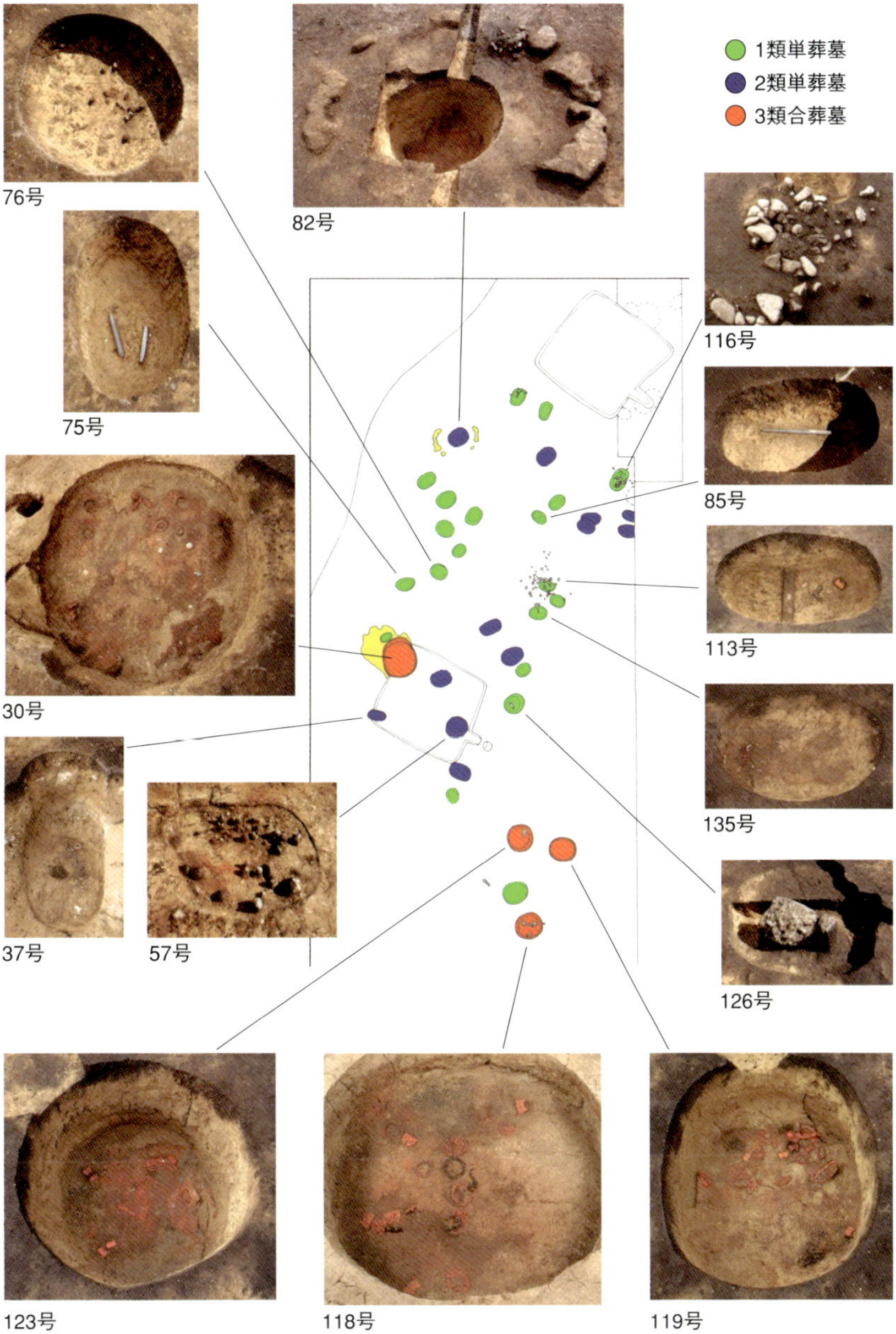

図7 ● 縄文時代後期末の土坑墓と配置図
段丘の縁近くに土坑墓が集中し、朱色で示した合葬墓は集中域の西側に偏在する。
なかでも118号、119号、123号が互いに接近して位置する。

1〜3類の土坑墓

土坑墓は小型のものと大型のものがある。また、小型のものには浅いものと深いものとがあることから、便宜的に深さ六〇センチを境に、浅いものを1類、深いものを2類とし、大型のものを3類に分類した。

1類：小型で浅い土坑墓で、平均値は長径一一〇センチ、短径八〇センチ、深さ三九センチで、二〇基がこれにあたる。カリンバ遺跡でもっとも多い土坑墓である。

2類：小型で深い土坑墓で、平均値は長径一二七センチ、短径八三センチ、深さ七七センチである。1類よりは少ないが一二基ある。

3類：大型の土坑墓で、四基（三〇号・一一八号・一一九号・一二三号）が相当する。長径二四六センチの最大の三〇号土坑墓は、1、2類の二倍ほどの大きさで、深さも一〇〇センチと目立って深い。ほかの三基は、三〇号土坑墓ほどではないものの、長径一六五センチほど、深さ六五〜九二センチである。

埋葬された人物の遺体は、腐敗分解し、歯や骨片がわずかに残る程度である。被葬者の年齢や性別、どのような姿勢で葬られたかは、厳密には特定できない。幸い、被葬者の身を飾りつけた装身具、遺体のまわりに添えた副葬品が豊富に残り、しかも埋葬時に遺体に振りまいたベンガラと土坑墓底面のあいだに、遺体の腐朽により変質したとみられる灰黒色の土の汚れ（遺体層）と、やや湿気を含み粘り気のある土の広がりが残っており、埋葬姿勢や性別などを推定できる例も数多くある。

床面の痕跡や漆製品・玉類などの様子、土坑墓の規格から推察して、１、２類の多くはひとりの遺体を埋葬した「単葬墓《たんそうぼ》」で、３類は二人以上を埋葬した「合葬墓《がっそうぼ》」と考えられる。埋葬の状態は共通して、手足を折りまげた状態で埋葬する「屈葬《くっそう》」とみてまちがいない。

また１類土坑墓のなかに、底面積〇・四平方メートルに満たないとても小さな墓があり、子どもの墓と推定できる。床面積の平均は、１類が〇・七三平方メートル、２類が〇・八七平方メートルであるのに対して、３類は二平方メートル以上、三〇号は四・一平方メートルと圧倒的に大きい。合葬墓の大きさは単葬墓を大きく上まわっていることがわかる。

このような土坑墓群の大きさの違いを考慮しつつ、以下に、埋葬の特徴的な様相を土坑墓の発掘の手順に従いながら整理してみよう。

２　地上標識（墓標）

わずかに重複した二例を除き、三四基の土坑墓は互いの距離を保ってつくられている。遺体を収め、掘り上げた土を埋め戻した後に、配石や積み石などの地上標識（墓標）を置き、重なり合うのを避けたからと推察できる。当時の様子をそのまま残した例は多くないが、円礫《えんれき》五七点が集中する一一三号や、覆土《ふくど》の上部に石皿、たたき石、すり石、砥石などとともに五〇点ほどの円礫を積み上げる一一六号などがその好例である（**図８**）。

ほかにも大小の円礫を残す三〇号、注口《ちゅうこう》土器や浅鉢《あさばち》形土器など大きな土器と円礫数点を残す一一八号、横倒し状態の注口土器とわずかながら大小の円礫を残す一二三号、小型の円礫を多数残す一三四号など、四割近い土坑墓の坑口付近に地上標識といえそうな配石《はいせき》あるいはその一部が残っていた。

なかには、八二号土坑墓のように、中型の円礫一八点がまとまって残るだけでなく、径三メートルほどの範囲にわざわざロームや砂利を一〇センチほど積み上げた例もある。墓穴を埋めた後に、ロームと砂利を盛ってマウンドにしたもので、マウンドには土が赤く焼け

113号土坑墓上の礫群

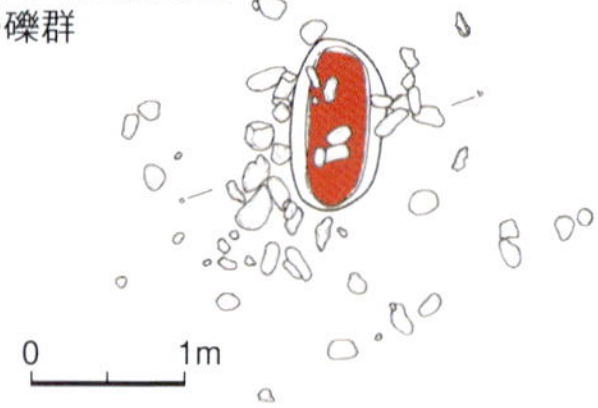

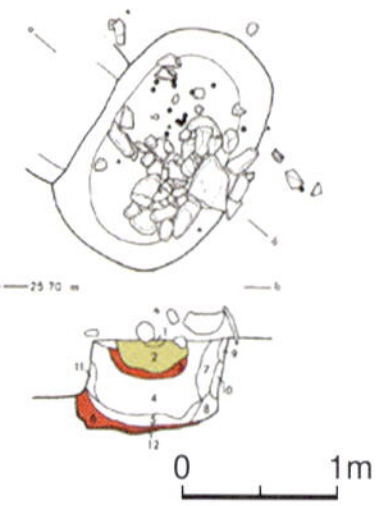

116号土坑墓上の礫群

柏木B遺跡・竪穴式集団墓の地上標識（復原）
安山岩製の角柱礫（長さ190cm）。墓の横に添えられていたが杭穴に戻した（中段右端人物の隣り）。

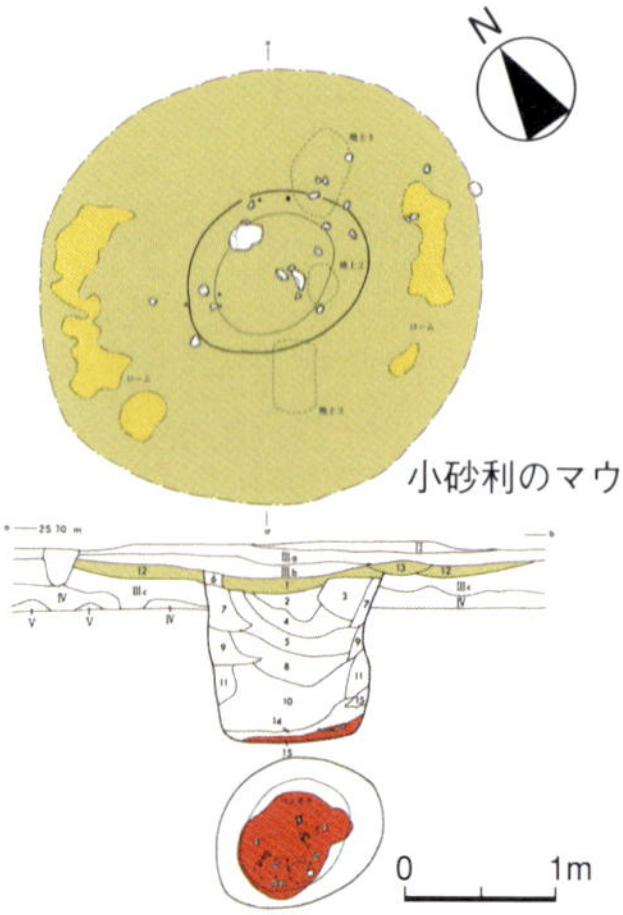

82号土坑墓

図8 ● 土坑墓に刻まれた地上標識
土坑墓の上部や周辺から、礫がまとまってみつかる。墓の位置を示し、重複を避ける効果があった。82号土坑墓の場合、当時、礫や小砂利の混じる厚いロームが覆土の上に積み重ねられ、あたかも円墳のような姿をしていたようである。

たところが数カ所ある。埋葬に際してなんらかの儀式を執りおこなったことを示す有力な痕跡である。遺体が腐朽し、中央部が沈み込んでいるが、構築直後は、土饅頭のような高まり（マウンド）を誇示していたにちがいない。

3　供献土器を読み解く

壺形土器と注口土器

興味深いのは、土坑墓の坑口付近から出土する土器である（図９）。壺形《つぼがた》、注口、鉢形《はちがた》の三種があり、およそ実用的とは思えないような一風変わった形状の土器が多く含まれている。儀式用の土器といえそうである。土器を用いて祭儀を執りおこない、終了してマウンドに埋納するという特別の習俗、儀式があったにちがいない。

八〇号からは、上下を逆さまにした壺形土器が出土した（図10）。胴部は丸く、頸部は細長く沈線文様《ちんせんもんよう》と貼瘤文《はりこぶもん》を密に施してある。胴部には小さな孔を開けてあり、壺に液体を入れ、孔から注ぐという使い道が想定できる。

一一八号と一二三号からは、張りのある球形の胴部が小さな底部に向かって急速にすぼまる特徴的な器形の注口土器が出土した。こうした土器は、胴部が女性の乳房に、注口部が男根にたとえられ、男女の性をあわせもつ土器と考えられている。

なお、一二三号の注口土器の底部には、意図的に打ち欠いたらしい穴があり、死者への弔い

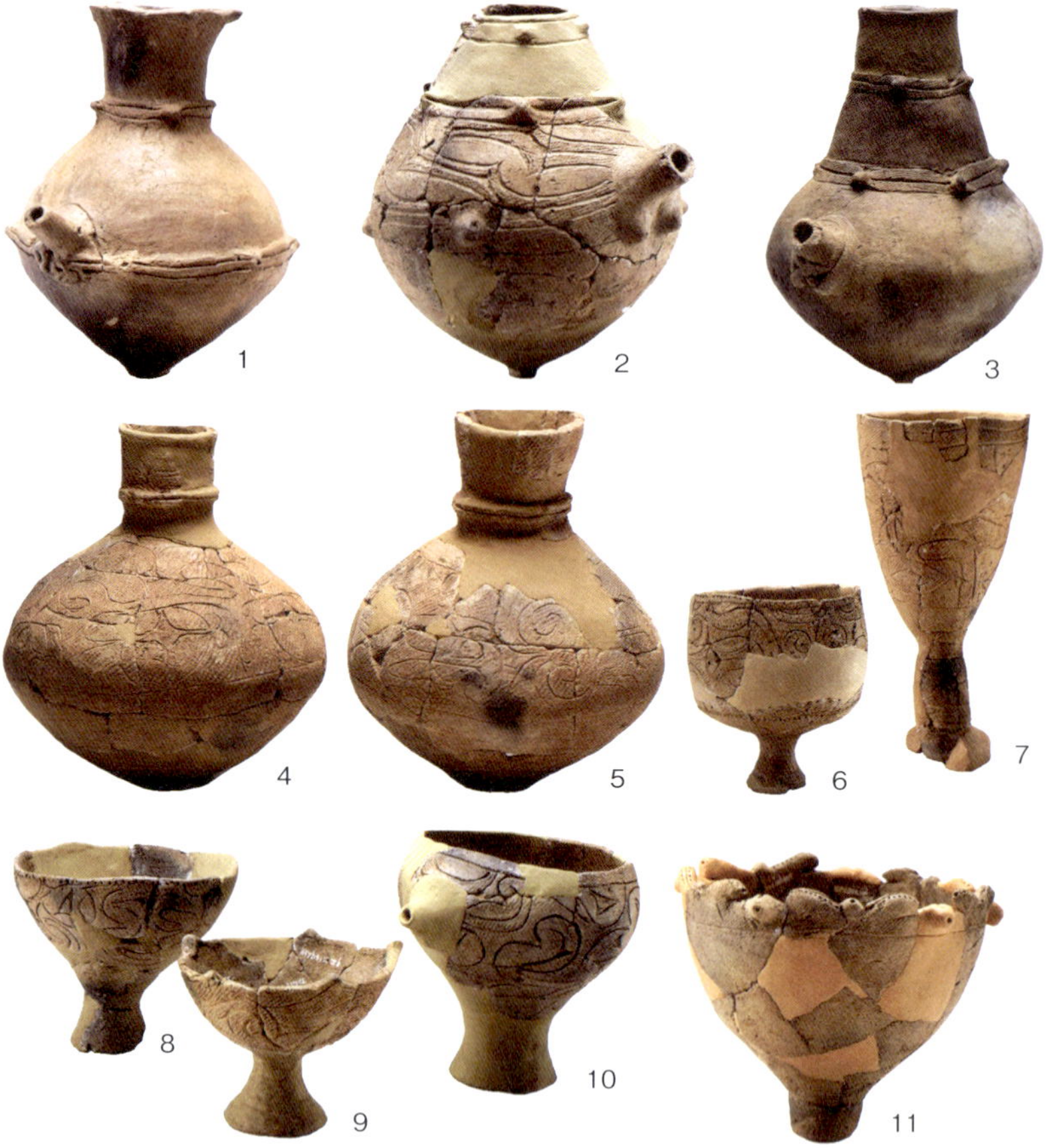

1・2：118号合葬墓、3：123号合葬墓、5：82号土坑墓、11：126号土坑墓（*T. Ogawa* ほか）

細密な縄文（糸目）

図9 ● 墓に供えられた土器

小さな底部と丸く膨らむ胴部が特徴の注口土器や細頸の壺、細く長い脚部の土器など、繊細で華奢なつくりの土器。儀式が終わり、墓に埋納し、被葬者に供えたのか。

に、祭儀のなかで底部を打ち欠いた可能性を示している。物を破砕することで、再び命がよみがえるよう願う習俗の一種であろう。土坑墓周辺で、被葬者を弔うさまざまな儀式が執りおこなわれたことはまちがいない。

土器から年代を知る

あらためて紹介するまでもないが、土器の形態は用途によって大きく異なる。また、その形はもちろん、土器の表面を飾る文様も、時代や地域により複雑・多様な変化を遂げてきたことが知られている。**図9**に土坑墓と周囲の墓域から出土したおもな土器を示したが、いずれも器形、文様ともに特色ある土器群である。あらためてその編年的位置（年代）を確認してみよう。

土坑墓群を築いたころ、生活の場とみられる一段低い旧カリンバ川流域の低地面では、日常使うような粗製《そせい》の深鉢形《ふかばちがた》土器（破片）が多数出土する。それに対し、墓域となっている段丘面からは壺形・注口土器、異形の小型鉢、高台《こうだい》付土器、ミニチュア土器などが多数みつかり、組み合わせがとても対照的である。墓域から出土したこれら特殊な土器については、墓への供献品、あるいは埋葬や祭祀の

図10 ● 80号土坑墓の上部に供えられた壺形土器
胴部に注ぎ口用の孔がある。先に笹竹でも差し込んで使ったのであろうか。

儀式に用いられたものであることはほぼまちがいない。

それを象徴するのが注ぎ口をもった注口土器である。水や酒類などなんらかの液体を入れ、墓にでもふりかけたのであろうか。あるいは参列者に配り、互いに杯を酌み交わしたのであろうか。注口土器と対をなしそうな小型の鉢形土器も出土している。

先に紹介したように、一一八号や一二三号土坑墓から出土した注口土器は、いずれも胴下部が一番ふくらんでいる。底部は直径一センチほどの極端に小さな高台で、そこから強く張りだす球形の胴部、やがて内に折れ曲りながら細く長く伸びる頸部へと続く独特な器形をなしている。口縁部は、頸部から外反気味に折れ曲がるもの、およそ直立するもの、あるいは内にそのままますぼまるものなど多様である。器面には、貼瘤文や隆起線文《りゅうきせんもん》、区画文《くかくもん》、磨消文《すりけしもん》などの文様を施し、無文《むもん》部分は入念に磨いてある。

図9②③の注口部の下に貼瘤を添えている形象は明らかに男性の性器を表現している。この男根を象徴する世界こそ、新ひだか町の御殿山遺跡から出土した土器から名づけられた、後期末葉に編年される御殿山式土器（**図11・12**）の有力な型式的特徴である。

ところで**図11**は、北海道の中央部で判明している縄文時代後期半ば以降の縄文土器の変遷の一端を示したものである。𩸽澗《ほっけま》式（エリモ式）→キウス下層式→堂林式と変遷した後に、御殿山式土器が成立する。この間、磨消縄文や入組文《いりくみもん》、区画文、貼瘤文などを特徴とする東北地方の十腰内《とこしない》式土器や新地《しんち》式土器などの影響を受けつつ変遷したことがわかる。一方で、たとえば鉢形土器などの口縁部に内から外に向かって突き刺す北東アジアや北海道に伝統的な突瘤文《つきこぶもん》が

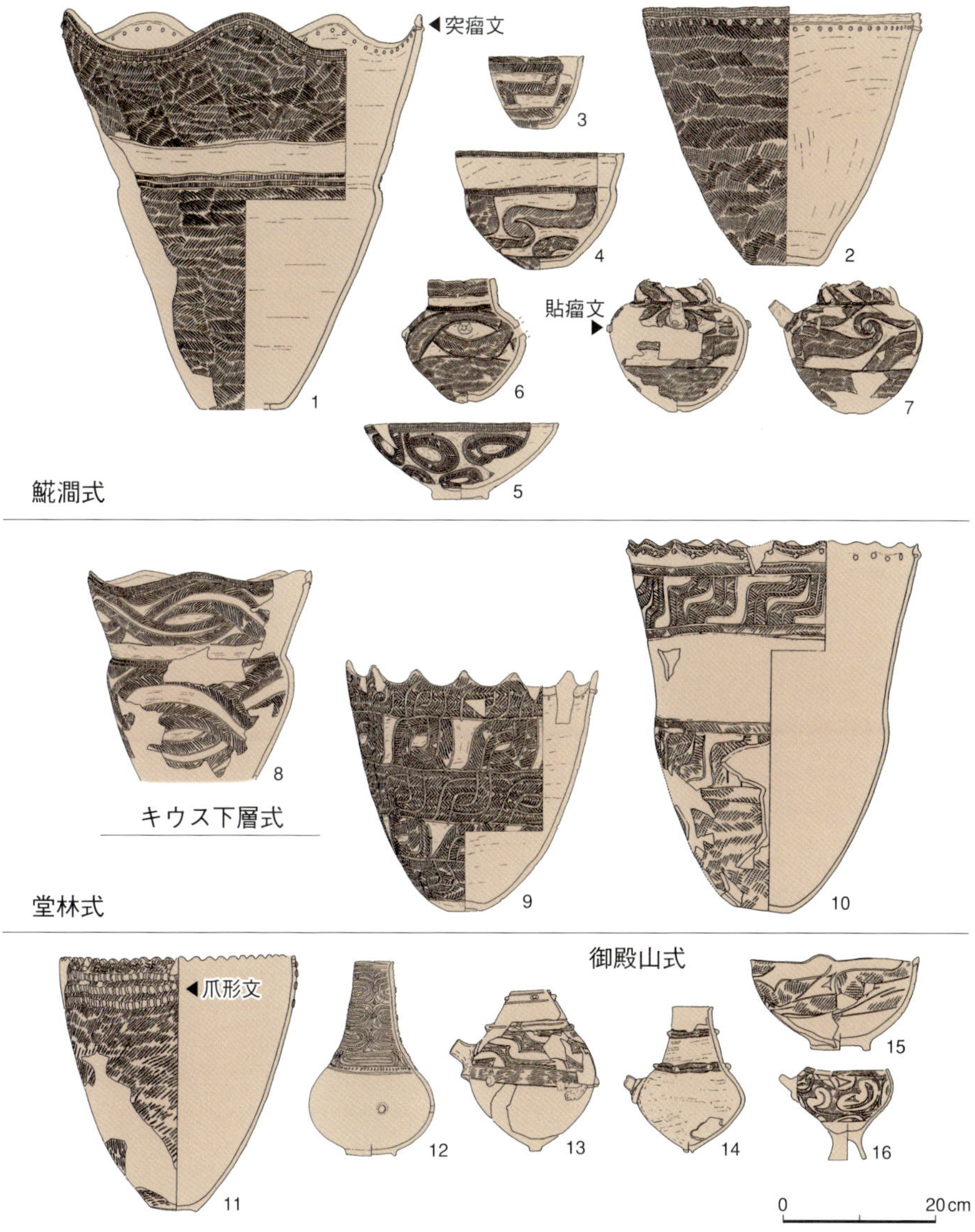

図 11 ● 縄文時代後期後半の北海道中央部の土器の変遷
鉢形土器（1 ～ 5、8 ～ 10、11）の変遷は、口縁部が大きく波うち、頸部で外に開く器形から、しだいに波状口縁が小さくなり、くびれのない器形になる。後期に特徴的な注口土器は、末葉になると、乳房状の尖底など祭儀用とみられるものがあらわれ、器形と文様の組み合わせが多様化する。また全体に、貼瘤や磨消縄文と沈線文による区画文、帯縄文など本州の土器の影響がある一方で、北海道特有の突瘤文（口縁部に棒状工具で内側から突いて外に瘤をつける）を特徴とする鉢形土器がある。

長期にわたって器面を飾る。両地域の融合も見逃せない。

器種・器形が多様化する御殿山式土器であるが、突瘤文にかわって爪形文《つめがたもん》が口縁部をめぐるのも大きな特徴といえよう。なお東北地方の晩期初頭、大洞《おおぼら》B式土器の特徴とされる三叉文《さんさもん》が施文される例もあり、御殿山式土器の一部が晩期初頭に編年される可能性も指摘されている。

いずれにせよ、その後、縄文時代晩期に成立する亀ヶ岡式土器が、北海道に分布圏を拡大しはじめる直前の土器型式で、流動化が進む縄文時代後期から晩期への画期にカリンバ遺跡が位置していたことはほぼまちがいない。

飾りの研究拓いた御殿山遺跡

このように曲線的な沈線文や細かな縄文、それに加えて薄い器壁など、カリンバ遺跡の土器のつくりや形状、装飾は、総じてやや華奢で繊細であると指摘することができる。墓での特別な使用が関係しているとみられるが、女性が製作し使用したということも考えることができる。

また小型土器のなかには、高台部が細い棒状の特異な器形をなす土器がみられる（**図9⑥⑦**）。現代のワイングラスやブランデーグラスのようで、縄文時代の酒づくりと酒宴を連想させる。

以上、土坑墓周辺から出土した多様な土器群は、道央域の後期末葉を特色づける一群で、その組成こそ、やや内容不詳の御殿山式土器に代わって、カリンバ式土器とでも呼称できるものである。

ちなみに**図12左**は御殿山遺跡の発掘風景で、**同中央**の漆塗り櫛は御殿山遺跡の土坑墓から出土したものである。

御殿山遺跡は一九五二年に発見され、これまでに例のない「ストーンサークル」として注目を集めたが、何よりも土坑墓の床面から顔を出す色鮮やかな赤橙色の漆塗りの櫛や玉類が大きな話題を呼んだ理由の一つである（人骨は残っていない）。北海道にまで漆塗り製の櫛が数多く搬入されていた事実を全国に知らしめた遺跡でもある。

奇しくも私（木村）は、高校に入って間もなくの一九五八年、先輩に連れられ、その調査に参加した。北海道学芸大学の教授で、北海道考古学の基礎を築いた河野広道、静内高校の教諭、後に北海道教育委員会に移りアイヌ考古学のイメージづくりに先進的役割をはたした藤本英夫両氏の指導によりおこなわれていた発掘調査への手伝いである。

カリンバ遺跡は、似たような土器、漆塗り櫛などの副葬品をともなう、まさに御殿山遺跡に匹敵する遺跡であるが、種類・数量ともに縄文時代の飾りのイメージを一新させたばかりではなく、これまでのところ北海道での漆製品の自家生産さえも予測させるスケールの大きい比類なき遺跡といえる。

Bトレンチの土坑墓群の上に積まれた礫群と調査を指導する河野広道教授（右端）

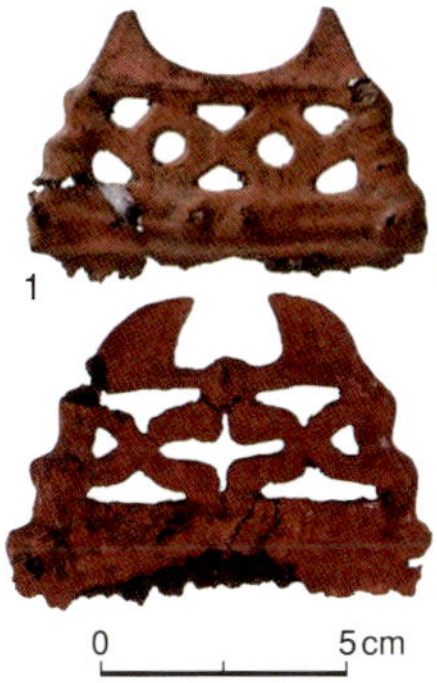

漆塗り製の櫛
（A-17号土坑墓出土）

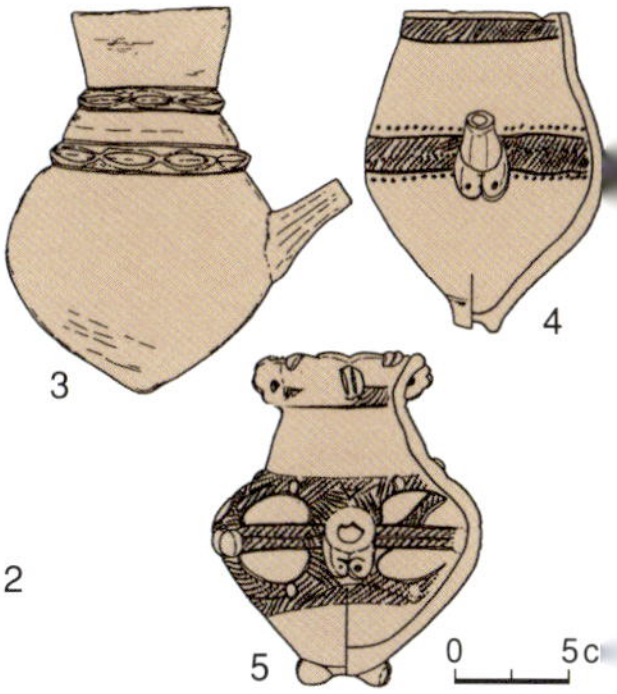

注口土器
（御殿山式土器）

図12 ● 御殿山遺跡の発掘調査と出土遺物
縄文時代後期末を代表する配石墓として全国的に注目を集めた。とくに多くの土坑墓から漆塗りの櫛や異形土器が出土した。豊かな副葬品・装身具は何を物語るのか、北海道の先史文化の見直しが熱く語られた。

第3章　被葬者たち

1　ひとり旅立つ人

単葬墓の副葬品

土坑墓の概要をみたところで、その被葬者についてみていこう。

単葬墓の副葬品は、合葬墓にくらべて種類と数に明らかなちがいがある。数が少ないだけでなく種類もわずかである。

土坑墓の1類のうち、祭具とみなされる石棒のみを納めたのが七五号、八五号である（図13）。一〇〇センチ内外の規模の小さな墓で、七五号は二個、八五号は一個副葬していた。八五号の石棒は長さ五二センチで、先端を細く加工し、頭部に刻線文と刻点を施してある。

残りの一二基の副葬品はすべて装身具で、漆製品では櫛と腕輪に限られており、ほかに玉・勾玉《まがたま》、土玉《つちだま》の首飾り、サメ歯が加わる。2類の場合も、副葬品はすべて装身具で、櫛か玉を納めた墓が六基ある。1類にくらべてやや少ないものの、半数の墓に副葬品が残っていた。櫛は一個ないし二個で、1類と同様に玉とともに出土する傾向がある。透かしのある櫛と透かしのない櫛のどちらか一方のみを副葬する傾向があり、透かしのない櫛一個だけ出土する墓が多い。

櫛や玉が出土した土坑墓一二基のうち、両方とも出土した墓は七基あり、櫛と玉がこの時期の一般的な組み合わせであったとみなすことができる。これにサメ歯が加わる墓もある。

以下に、装身具の装着状態を復原できる単葬墓の貴重な例をくわしくみていこう。

1類土坑墓（図14・15）

七八号土坑墓では、底面から櫛一個、小玉二七個、勾玉四個、大玉一個、管玉《くだたま》一個、

75号土坑墓

85号土坑墓

85号土坑墓の石棒（長さ52.3cm）

75号土坑墓の石棒（上：25cm、下：29cm）

図13 ● 75号、85号土坑墓と副葬品の石棒
85号土坑墓の石棒は、一端を線刻で飾った頭部をもつ単頭タイプである。75号土坑墓の石棒は小型で、断面は楕円形で、石刀へと移り変わる終末の様相を示している。75号の下の例では、頭部が明瞭とはいえないが、曲線状の刻線が多数施してある。

78号土坑墓

113号土坑墓

116号土坑墓

117号土坑墓

図14 ● おもな1類土坑墓（78号、113号、116号、117号）と副葬品
底面をベンガラ層が厚くおおい、そのあいだにはさまるように玉や漆塗り櫛などの装身具・副葬品が出土する例が多い。位置関係から装着の様子がわかる。

玉斧《ぎょくふ》（美麗な石材を用いた石斧形石製品）一個、サメ歯一個が出土した。透かし文様のない櫛と勾玉、サメ歯は頭部付近に位置していることから、髪どめや額飾りとして装着していたのだろう。それらから三五センチ程度離れた二カ所に、小玉と管玉からなる連珠がある。手首につけるブレスレットと想定できる。

また長さ四・六センチの小さな滑石製の磨製石斧が出土しているが、カリンバ遺跡で唯一出土した玉斧である。

一一三号土坑墓は、先に紹介した墓の上や周囲に円礫を多数置く小型の土坑墓（長径九七センチ）で（**図8参照**）、底面から櫛一個、勾玉二個のほか、垂飾一個と小玉二二個が出土した。出土した位置から、髪にオレンジ色の漆塗

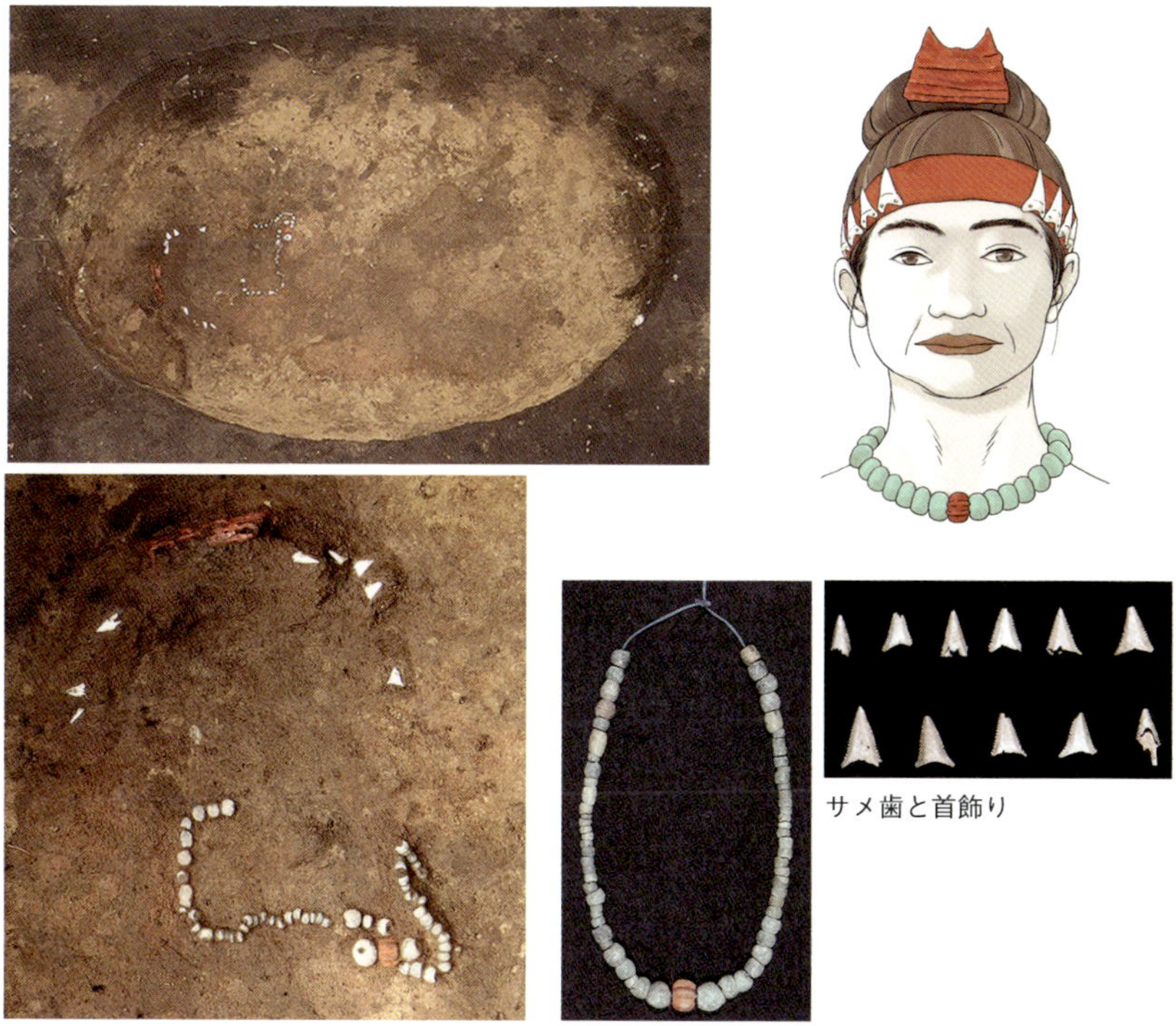

サメ歯と首飾り

図15 ● 135号土坑墓と副葬品
出土した遺物がほぼ当時の位置を保ち、装身具の装着の様子を具体的に教えてくれる。
右上のイラストは装着の推定復元図（Totoyakara画）。

り櫛を挿し、首には垂飾を真ん中に配置した玉の首飾りをかけ、胴部に勾玉を二個巻いていた可能性がある。

一一六号土坑墓は、覆土上部に礫を五〇個ほど積み上げた墓であるが(図8参照)、底面の西側で漆塗り櫛が、中央よりやや西側でヒトの歯がみつかり、底面全体に玉類が散逸している。頭部に櫛を装着し、埋葬に際し玉類を意図的にばらまいたとみられる。

一一七号土坑墓は、底面をおおうベンガラ層のなかから、滑石製平玉五二個が連なる首飾り(西側)、漆塗り腕輪一個(北壁近く)、漆塗り櫛一個・滑石製小玉二個(東壁近く)が出土した。頭位が西側にあって、首飾りと腕輪を装着していた可能性が高い。

一三五号土坑墓は、遺体が失われていながらも、装身具の装着の様子がひと目でわかる貴重な例である(図15)。長径一〇三センチ(北西―南東)の小型の土坑墓で、頭から胸にかけて装着したとみられる装身具が、当時の位置を保っていた。

北西の壁近くの頭部の位置に櫛が立った状態で出土し、わずかに離れてホホジロザメの歯が半円状にならぶ。中央に近い胸部付近からは、赤彩の土玉を中心にした滑石の玉が連なっている。出土位置の関係から装着方法が推定できた。図15右のイラストはその推定図である。髪に櫛を一個挿し、額にサメ歯を飾りつけたヘッドバンドをまき、首には、赤い土玉を真ん中に配したネックレスをつけている。

ちなみに、サメ歯を装身具に使用するのは、オオカミやクマなどの強い恐ろしい動物の牙や歯を飾りに使用することと同じく、その強さを身につけて悪をよせつけないためとか、獲物に噛みついて離さないという牙の働きから、生命が体から離れることを食い止めるためといわれている。アフリカ大陸では、現代でもサメの歯を額飾りに使用する風習が残っている。

2類土坑墓（図16）

小さいが深い2類土坑墓では、三七号土坑墓から、三四個の小玉と棗玉《なつめだま》を連ねたネックレスが出土している。すべて同じ滑石の原石でつくったと思われる玉で、中心部に大型の棗玉を配した連珠である。

八七号土坑墓は、底面にベンガラ層が厚さ七センチで堆積し、そのなかから櫛一個、勾玉一個が出土している。また、七～八センチのベンガラの塊二個がみつかっているが、これは砕いて粉にする前の塊で、精製時のベンガラの状態のものと考えられる。

八二号土坑墓は、先に紹介した深さ一二五センチもある墓で（図8参照）、底面には鮮やかなベンガラ層がみられ、遺体層に頭部と歯の痕跡が残っていた。頭部付近から櫛が一個出土したほか、サメ歯四個、玉五二個がみつかっている。透かしのない櫛一個を髪に挿し、サメ歯は多数の小玉と重なるように分布していることから、玉と一緒に首飾りとして使われた可能性もある。両腕にはどちらも小玉一五個を連ねるブレスレットをはめていたようである。やはり、覆土の上部から壺形土器が口縁を下にして出土した八〇号土坑墓も（図10参照）、この2類に属する。

37号土坑墓（右は出土した連珠と出土状態）

87号土坑墓

82号土坑墓

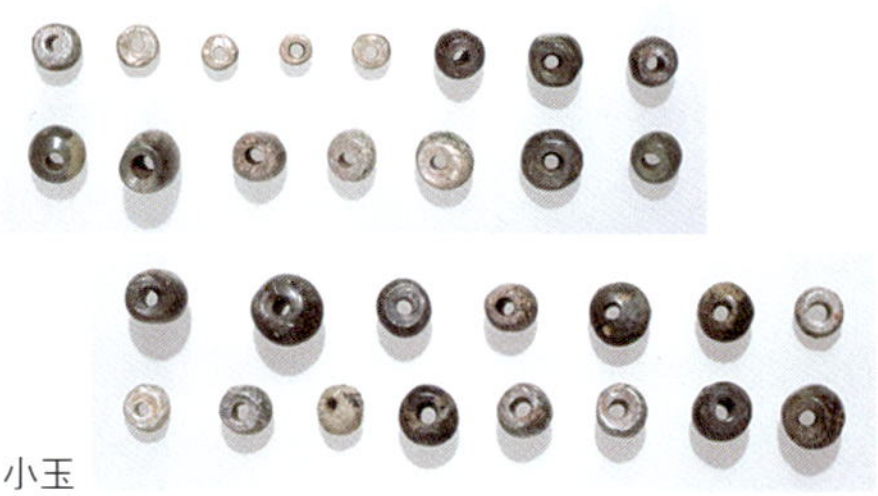

小玉

図16 ● 2類土坑墓（37号、82号、87号）と副葬品

1類と同様に小型タイプであるが、掘り込みが深い単葬墓のグループである。
連珠や漆塗り櫛などの装身具・副葬品に大きなちがいはないようである。

2　合葬墓に眠る人びと

死者の遺体を二人から七人以上埋葬した墓が四基、幅一〇メートルほどの狭い範囲内に構築されている。三〇号、一一八号、一一九号、一二三号である。三〇号を除く一一八号、一一九号、一二三号の三基は接近した位置にあり（図17）、一一八号と一二三号は規模がほぼ同じである。この二基は遺体の数が四人と五人で多いこと、装身具の出土状態と種類などもよく似た様相を示している。一一九号についても、二人埋葬の墓ではあるが、装身具の種類や出土した場所に類似点が多く、また同じように頭を墓穴の西側に置いて埋葬しており、これら三基が共通の葬制のもとで構築されたことは疑いない。

もっとも北に位置する三〇号は、ひときわ大きな合葬墓で、遺体を西頭位に統一していないことから、前三基とは葬法上にややちがいがある。

三〇号合葬墓

この墓は、九世紀ごろに構築された擦文時代の竪穴住居跡

図17 ● 合葬墓（118号、119号、123号、北から撮す）
幅5mほどのせまい範囲からみつかった。2～5人が埋葬され、赤いベンガラ層のなかから装身具が多量に出土した。

30 号合葬墓（長径 246 cm、短径 206 cm、深さ 100 cm）

覆土堆積状態

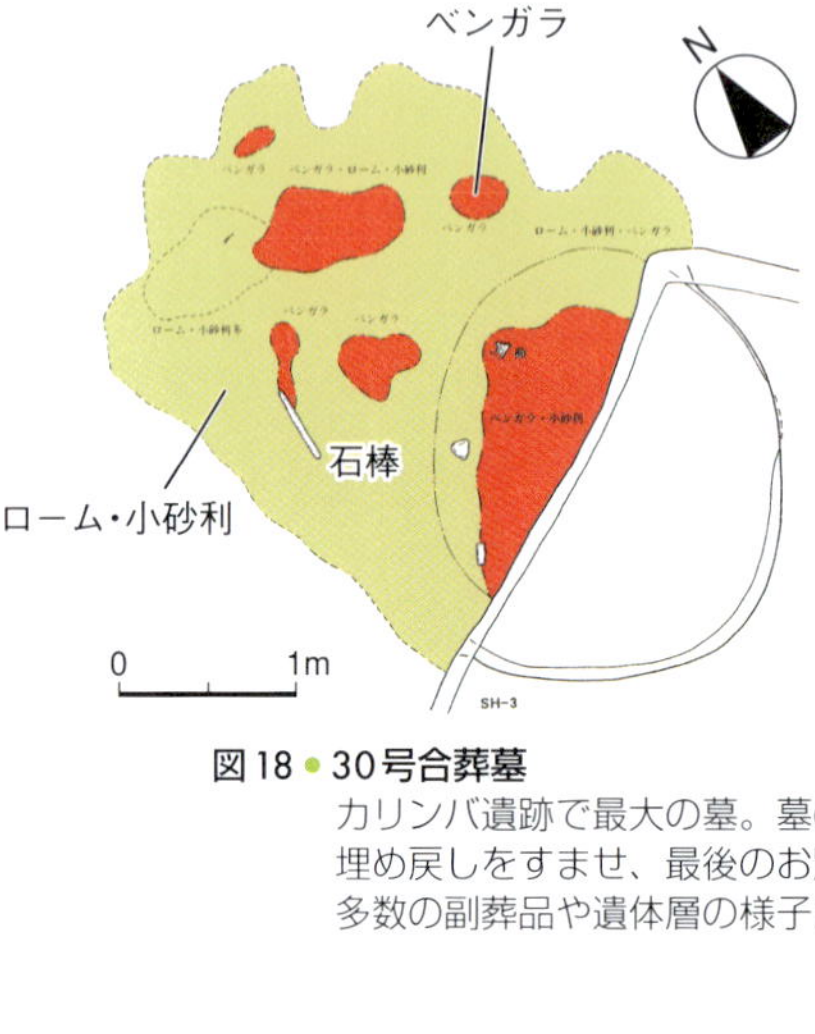

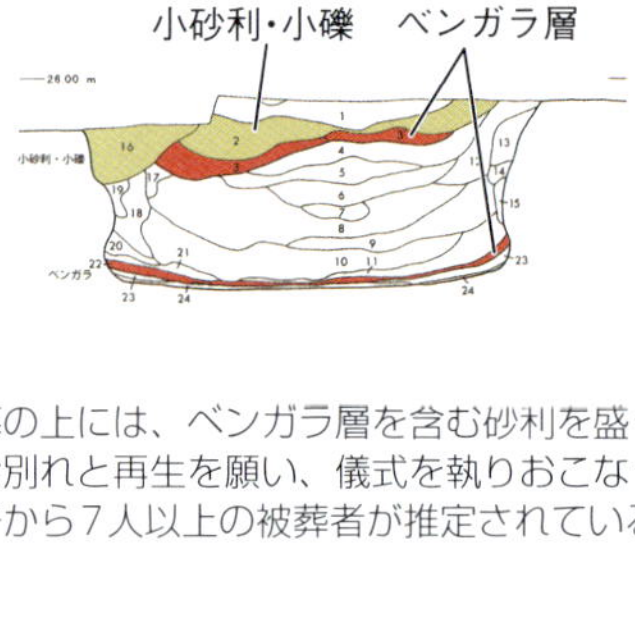

図 18 ● 30 号合葬墓

カリンバ遺跡で最大の墓。墓の上には、ベンガラ層を含む砂利を盛っており、土の埋め戻しをすませ、最後のお別れと再生を願い、儀式を執りおこなったようである。多数の副葬品や遺体層の様子から 7 人以上の被葬者が推定されている。

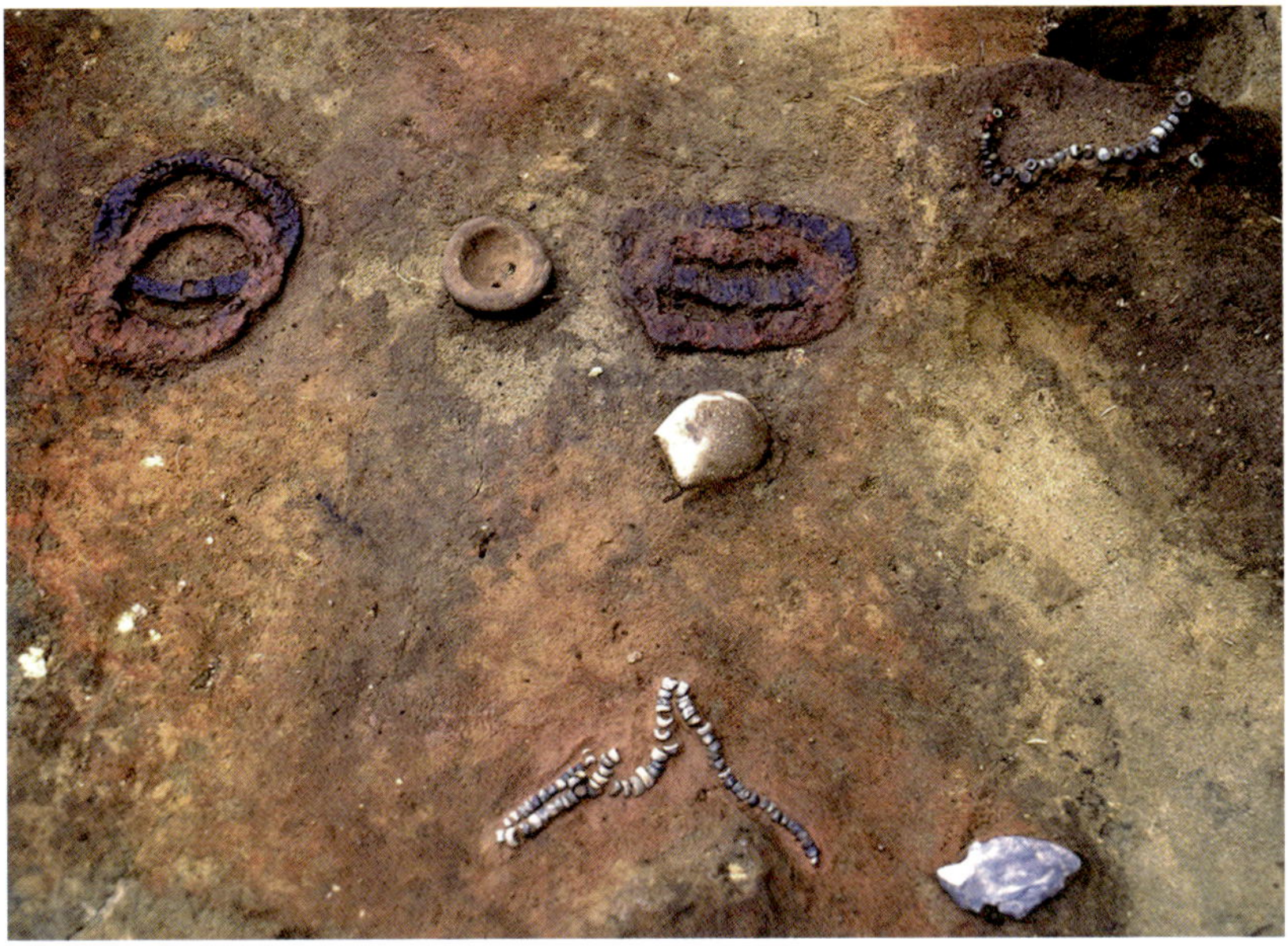

遺体Bの装身具類（腕輪、垂飾、玉Bと石製ナイフ、礫）

遺体Cの装身具類（漆飾り櫛、首飾り）

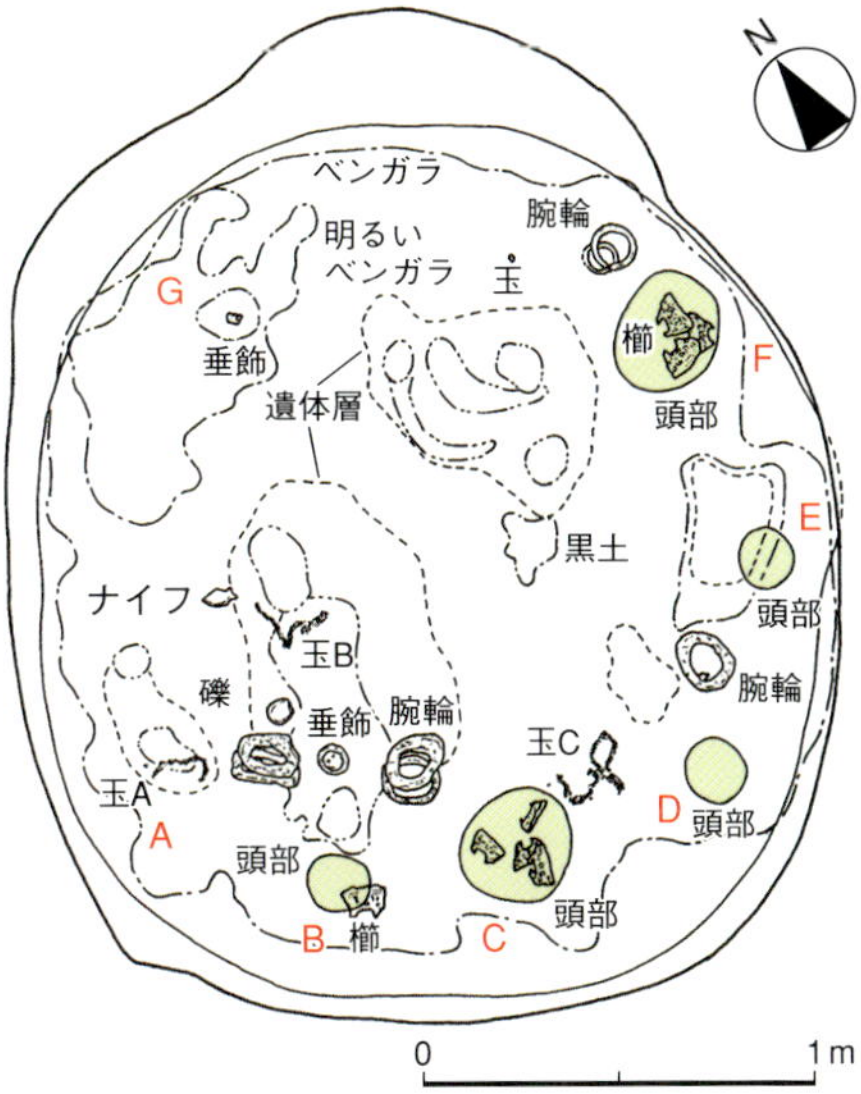

図19 ● 30号合葬墓の副葬品と石棒

漆塗り櫛8個、赤と黒の腕輪7個、小玉の連珠が3カ所からみつかったほか、勾玉、大型垂飾、つまみ付きナイフ、たたき石などが出土した。

の調査中に発見したもので、半分ほどが竪穴構築により消失していた。それでも、消失していない部分の底面には遺体層をおおう厚さ二〜四センチのベンガラ層があり、そのなかから多数の装身具がみつかった（図18）。

遺体層には、明らかに頭部とみられる複数の円形のくぼみがあり、しかも歯の痕跡などから多くの遺体を埋葬した合葬墓であることは疑いない。遺体層や装身具の位置の検討から、頭を南に置いた四人（A・B・C・D）と、東に置く二人（E・F）、さらには北に置いた可能性のある一人（G）の、少なくとも七人の位置を確認することができた（図19）。いずれも頭を壁側に置き、遺体を放射状に安置したとみられるが、底面の広さから推して八人を超える人が埋葬されていた可能性もある。

出土した副葬品の種類と数は、漆塗り櫛八個、腕輪七個、勾玉二個、小玉二〇七個、垂飾四個、つまみ付ナイフ一本、たたき石一個など多種多様である。石器以外はすべて装身具である。出土状態の検討結果、装身具の装着方法をつぎのように推定した。

遺体Aは玉の首飾りをつけ、遺体Bは頭に透かしのある櫛一個、胸に凝灰岩製の大きな垂飾一個、左腕と右腕に赤と黒の漆塗り腕輪二個ないし三個一組を装着している。胸には玉の首飾りを下げていた。遺体Cは、髪に透かし文様のある櫛を四個挿し、玉の首飾りをつけている。遺体Dは片腕に一個腕輪をし、その隣の遺体Eは装身具がみられず、北隣の遺体Fは頭に透かし文様のある櫛三個を挿し、腕輪を片腕に二個装着している。北にやや離れた遺体Gには垂飾一個がみられる。

覆土上部の配石と土器の出土状態

出土土器
上：注口土器
下：浅鉢形土器

118号合葬墓（長径165cm、短径150cm、深さ92cm）

覆土堆積状態

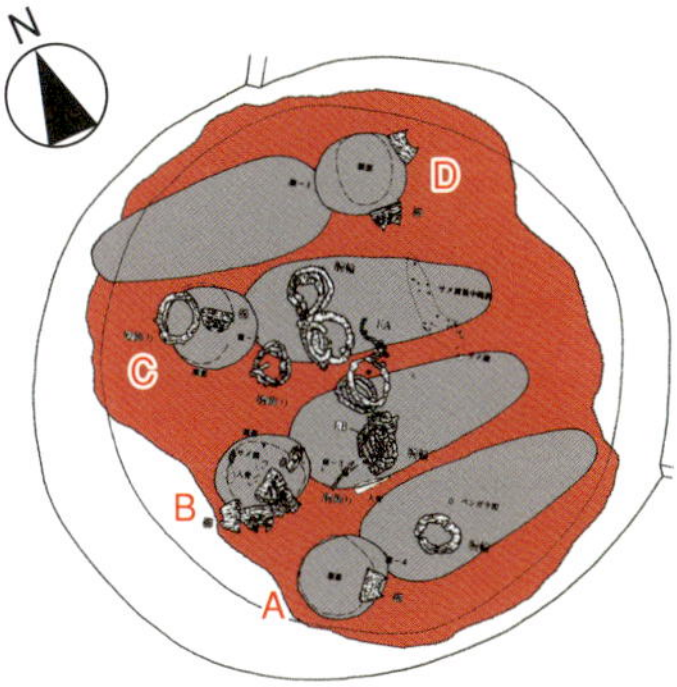

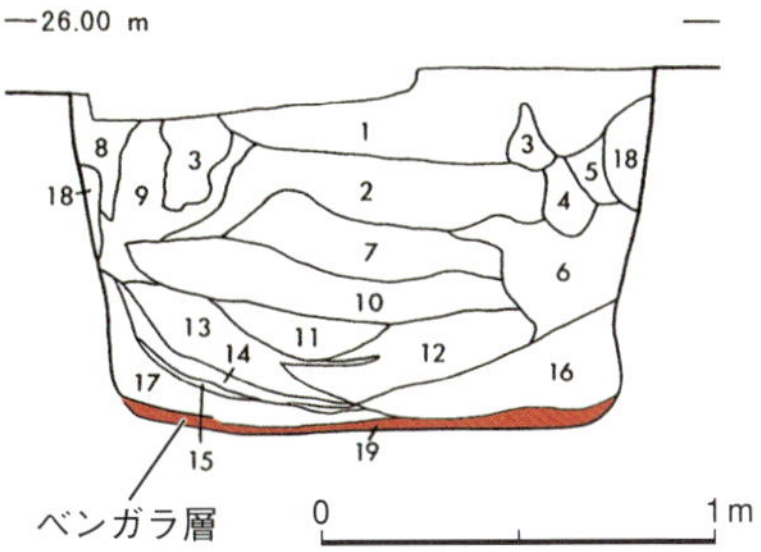

図20 ● 118号合葬墓

墓の上からは大型の円礫や注口土器、鉢形土器が出土し、底面のベンガラ層中からは、4体の被葬者を飾っていた多数の漆製品や玉などがみつかった。覆土の断面写真からは、墓穴をつくったときに掘り上げた土を、遺体埋葬後、それほど間をおかずにほぼそっくりていねいに戻していることがわかる。

図21 ● 118号合葬墓の副葬品出土状態
漆塗り櫛10個、腕輪15個、頭飾り、胸飾り、サメ歯、玉など、多種多様である。中央の列状の腕輪群は2人分の腕輪である。

遺体Ｂ・Ｃの頭飾り、胸飾り、腕飾り

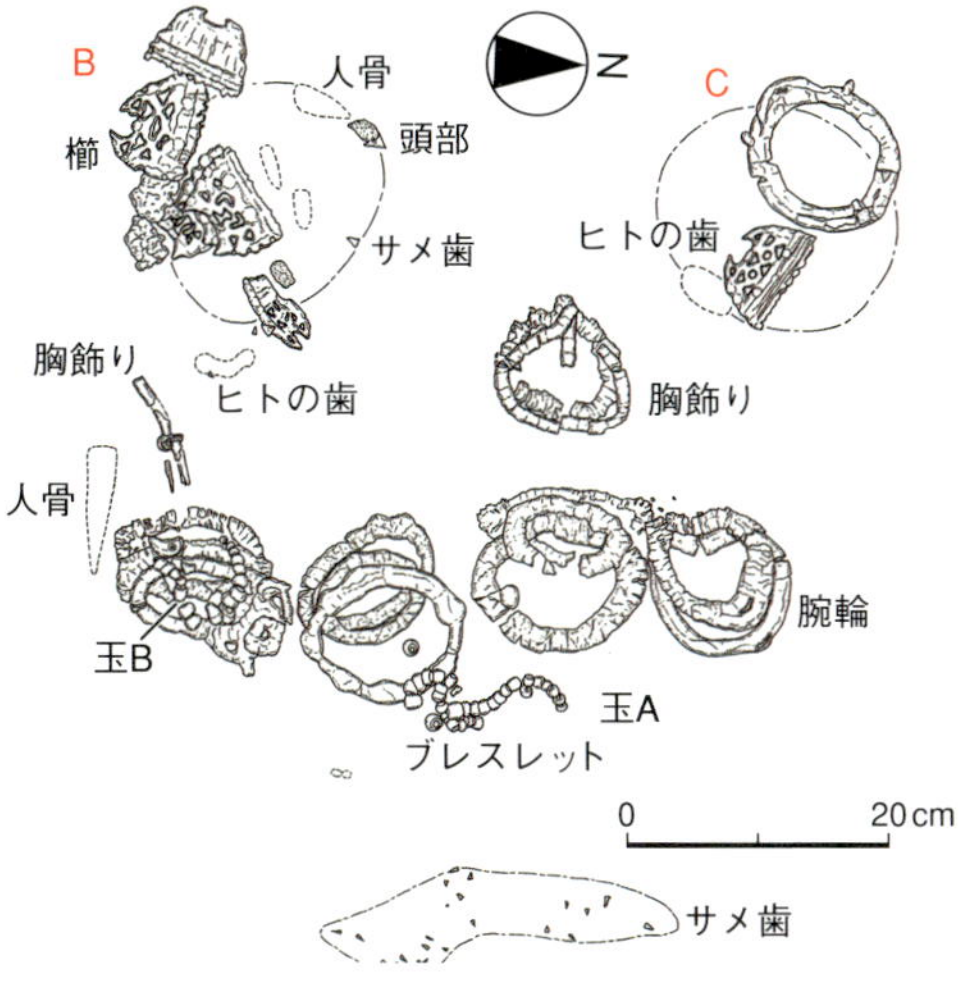

遺体Ｄの頭部痕跡と漆塗り櫛

図22 ● 118号合葬墓の遺体Ｂ・Ｃ・Ｄの装身具

遺体Ｂは櫛６個、腕輪６個、玉２連、胸飾りを、遺体Ｃは櫛と髪飾りの輪、胸飾り、腕輪５個、サメ歯の飾り帯を、遺体Ｄの頭には櫛を２個挿していたようである。

以上が、装身具の出土位置と遺体層との関係で把握できる装身具の装着状態である。墓を埋め戻した後、死者の再生を願ってであろうかベンガラを散布し、さらにその上から小砂利やロームで盛土を構築している。また、そのベンガラ層中に遺体に装着したのとは別に、漆塗り櫛や玉を、さらに石棒一個を置き残している。三〇号合葬墓はカリンバ遺跡でもっとも大型の墓で、構築当時は丸く土を盛った墳丘をなしていたものと推測される。

一一八号合葬墓

一一八号合葬墓は、合葬墓群でもっとも南に位置する円形の土坑墓で、底面の面積は二・〇一平方メートルである（図20）。注目されるのは土坑墓の覆土断面である。左隅の一部に黒色土の混入が認められるが、ほかに汚れはない。遺体埋葬後、掘った際に出た黄褐色ロームや火山灰をすみやかにそっくり埋め戻した様子を物語っている。

底面にはベンガラ層が厚さ約五センチで堆積し、層中から頭部の痕跡と歯を四カ所で確認できたことから、四人合葬の可能性が高い。歯と装身具の出土位置をもとに、南側から遺体A〜Dの埋葬位置を推定することが可能である。

副葬品は、漆塗り櫛一〇個、腕輪一五個、頭飾り一個、耳飾り二個、胸飾り一個、玉・勾玉五二個、サメ歯二八個、マンガン鉱の小礫二個などである（図21）。墓の中央付近に多数の腕輪がならんでいるが、これらは二人（B・C）が装着していた腕輪群と考えられる。出土位置をもとに、遺体への装着状態を遺体A〜Dの順に少しくわしく推定してみよう。

渦巻状の模様のある胸飾り

X 字状の装飾と小さなブリッジを
もつ髪飾りの輪

黒と赤色の胸飾り

黒色の腕輪 3 個を右腕に、赤とオレンジ色の腕輪 2 個を
左腕にはめていると推定（遺体 C）

黒色の腕輪 2 個と赤色の腕輪 1 個をセットで両腕にはめ、
両手首にブレスレットを巻く（遺体 B）

図23 • 118号合葬墓の遺体B、Cの装身具

遺体Aは（図20）、髪に櫛を一個挿し、髪か腕のどちらかに漆塗りの輪をはめていた。

遺体Bは（図22・23）、頭部付近に櫛六個とサメ歯がある。櫛は二～三個を髪に挿し、残りを頭のまわりに副葬したものと推定でき。サメ歯は額飾り用の部品として使っていた可能性が高い。赤い腕輪一個と黒い腕輪二個を一組にして両腕に装着し、小玉のブレスレットを両手首にはめていた。また、胸付近に残る渦巻き模様の小さな漆塗り装身具は、胸飾りとして用いられたにちがいない。

遺体Cは（図22・23）、左腕に二個の赤い腕輪、右腕に三個の黒い腕輪をはめていたと考えられる。頭部には櫛一個と結髪の根本をとめて飾ったと思われる漆塗りの輪がある。また、胸部の小さな漆塗りの輪二個は、胸飾りであろう。

特筆すべきは、腰の位置から多数の小さなサメの歯が出土していることである。全体像までは確定できないが、一一九号や一二三号合葬墓でみられるように、各合葬墓のなかに唯一存在する腰飾り帯を示すもので、布地など腐食しやすいものについていたため、サメの歯だけが残ったとみられる。

遺体Dは（図20）、頭部の遺体層がロームにかこまれた黒い落ち込みとして残り、それに接するところに歯の痕跡があり、それとは反対の位置に透かし文様のある櫛と透かしのない櫛がある。両者の位置関係から、この遺体のみ西頭位ではなく東側に頭を置いていたことがわかる。

以上が一一八号の副葬品の内容であるが、一一八号でもう一つの注目すべき点が、底面に残っていた布目痕の発見である（図24）。通常の野外調査ではおよそ確認が困難な、目の細かな布の痕跡が広い範囲に残っていることが室内調査でみつかった。

この布目痕はもじり編みによる「編布《あんぎん》」の可能性が高く、底面に敷いた布や遺体に着せた衣服、さらには遺体をおおう布があった可能性を示している。

室内調査を終了した数年後、同じ恵庭市の柏木川一三遺跡から炭化した布がみつかった。この布の年代は縄文時代後期中葉で、カリンバ遺跡より三〇〇年ほど前の、もじり編みによる数種類の編み方でつくられた布である。広い範囲から出土しており、非常に手の込んだ装飾的な編み方の布も存在する。

一一八号合葬墓の布は実物ではなく、繊維が溶けて土に還り、ベンガラ層のなかに布目が浮き上がってみえる痕跡である。カラー写真で紹介できないのが残念であるが、野外調査とはちがい、ライトを近くで照らしながらおこなう室内調査でなければなしえない発見で、痕跡とはいえ、縄文時代後期末の葬制を考えるうえで貴重な情報である。遺体を安置し、

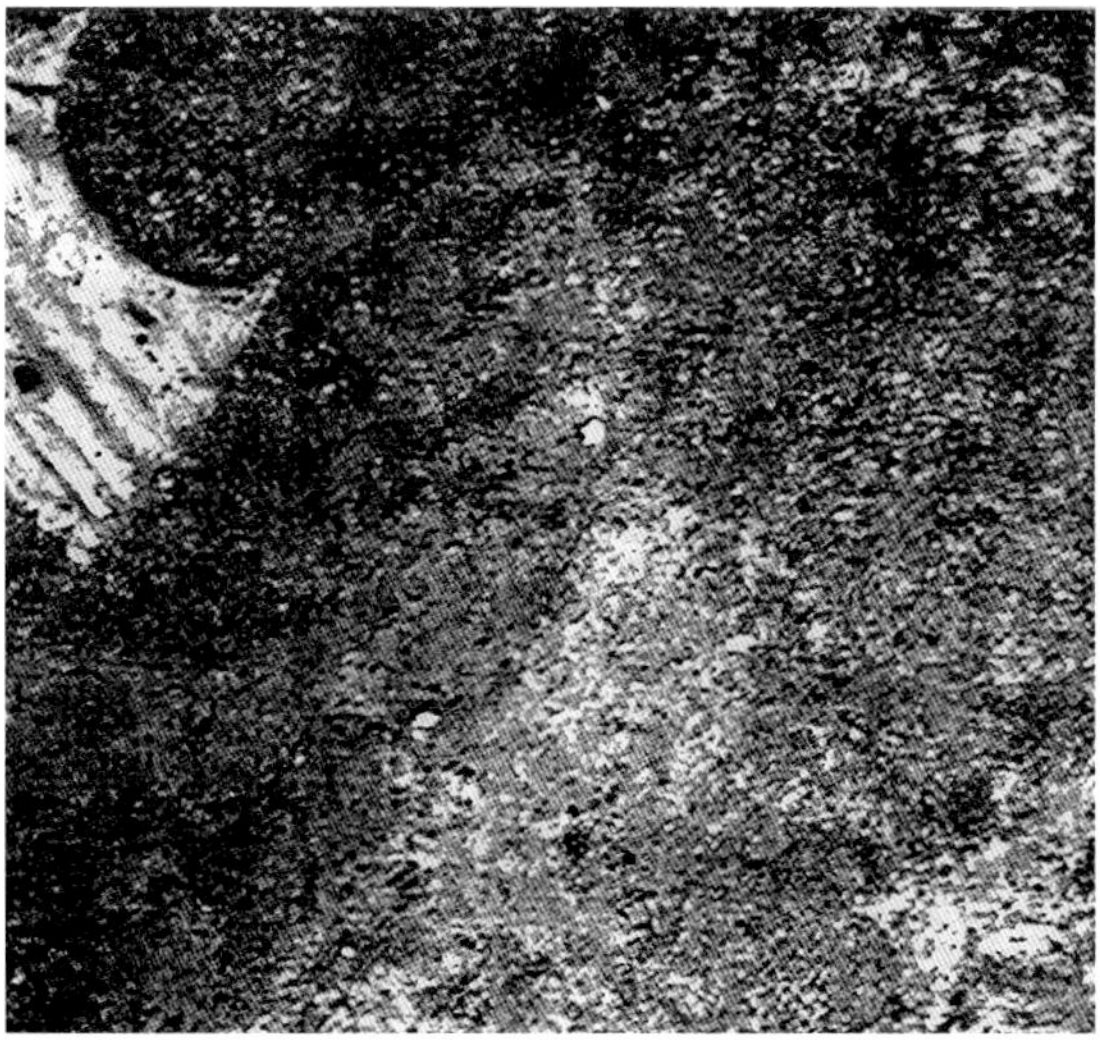

遺体Dの頭部東側

遺体Bの頭部付近

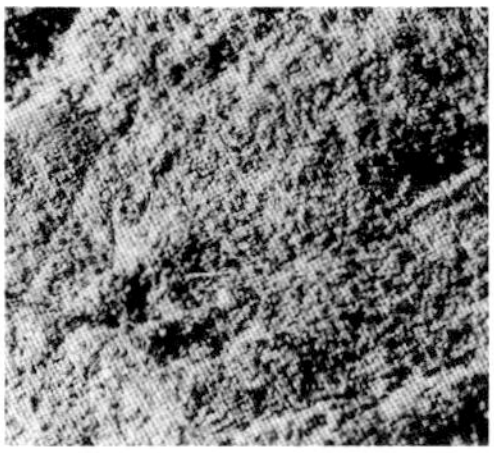

遺体Dの頭部北側

図24 ● 118号合葬墓の布目痕
ベンガラ層中に広く布目痕が残り、遺体の衣服や遺体をおおう布や坑底面に敷いた布があったことがわかる。

ベンガラと布をかぶせ、掘削土を元に戻して穴全体を塞ぐ、そして最後に、大型の円礫を置き、注口土器二個と浅鉢形土器一個を置いて葬儀を終える、という葬儀の様子が推察できるのである。

一一九号合葬墓

一一九号合葬墓は、一二三号の東にある楕円形の土坑墓で、頭を西に置いて二人（遺体A・B）を埋葬した合葬墓である（図25）。頭部の痕跡をはじめとした遺体層の状況や装身具の出土位置、覆土の堆積状況の検討から、室内で調査した一一八号、一二三号同様に、死亡後、時間を置くことなく同時に埋葬したものと判断できた。

装身具の装着状態を推定してみよう。みつかった装身具は、漆塗りの櫛一三個、腕輪六個、頭飾り四個、耳飾り二個、かんざし三個、腰飾り帯一個、玉一一個、サメ歯一個である。

遺体Aは（図26）、頭部に櫛一個と紐状の漆製品が三本ある。この紐状の漆製品は髪に挿したかんざしと推測できる。近くからはコハクのビーズが出土しているが、前髪にでもつけて飾ったものであろうか。頭部横にも櫛二個と小玉があるが、装着せずに遺体に副えたものとみられる。

左腕の付近にはピンク色の紐状の腕輪とオレンジ色の腕輪、右腕のところにも赤とオレンジ色の腕輪二個がある。このほか腕の付近からは勾玉一個、小玉二個が出土している。また腰の位置に、精緻な文様をつけた漆塗りの帯がめぐる。

119 号合葬墓（長径 165cm、短径 140cm、深さ 65cm）

覆土堆積状況

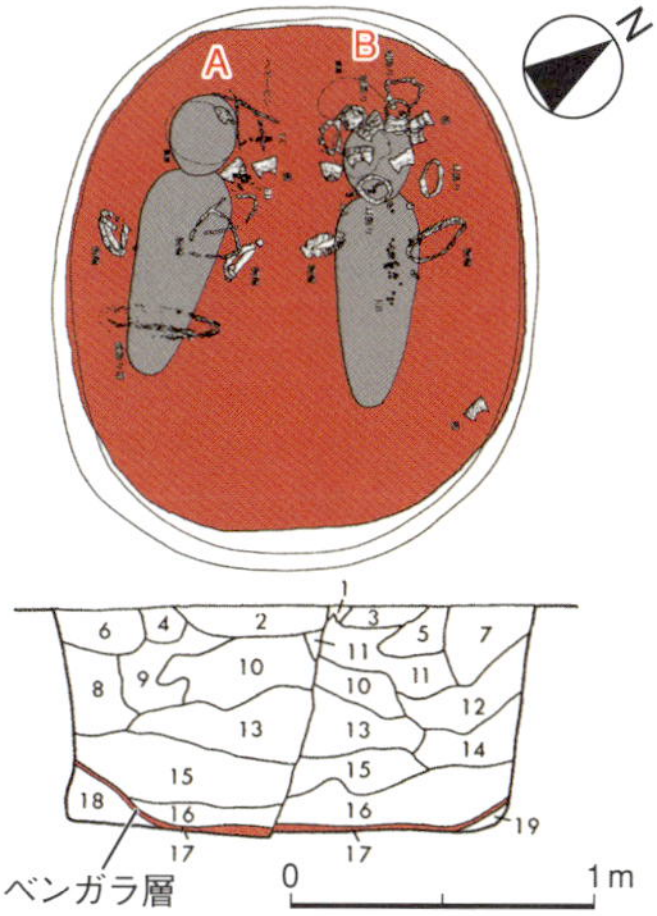

図 25 ● 119 号合葬墓

被葬者が 2 人と想定された。人数は合葬墓のなかでもっとも少ないが、櫛 13 個、腕輪 6 個、頭飾り、額飾り、耳飾り、玉・勾玉など副葬品・装身具の多さは共通している。

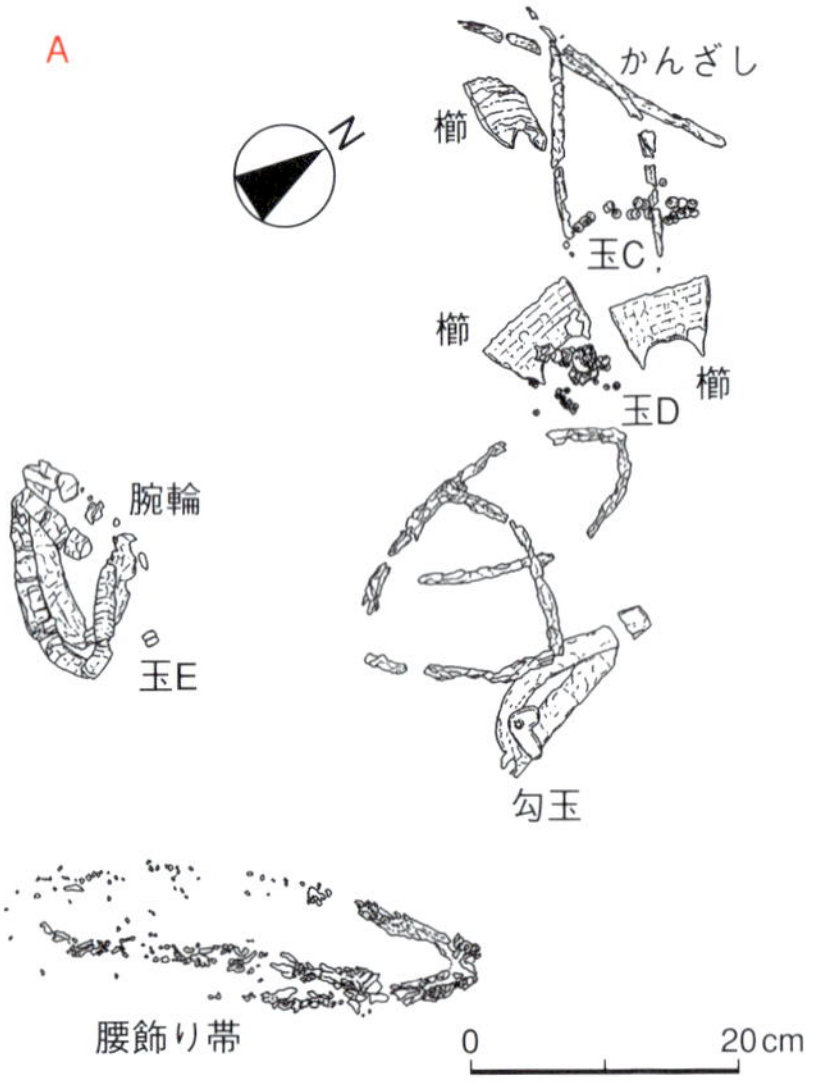

遺体 A の装身具出土状態

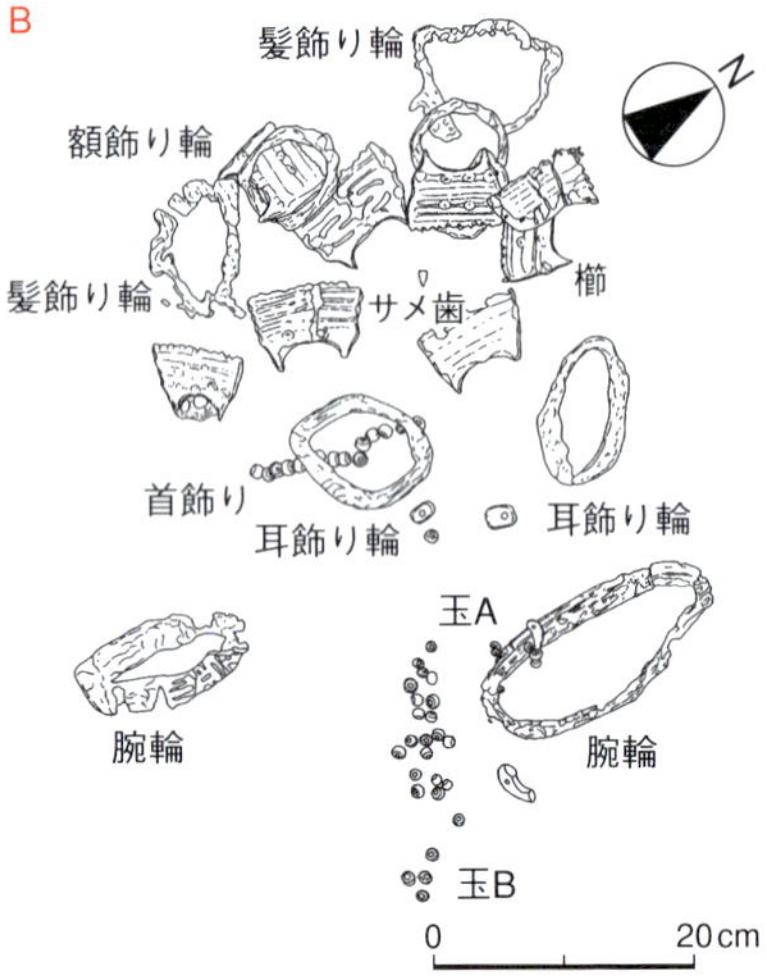

遺体 B の装身具出土状態

図26 ● 119号合葬墓の被葬者2人の副葬品・装身具の出土状況

遺体Aは、髪をかんざしと櫛、コハク玉、両腕を赤桃色や橙色、紅色の腕輪で飾り、胴部に腰飾り帯を巻いていたようである。遺体Bも同様に、頭に髪飾り輪と額飾り輪をつけ、櫛を挿し、両耳にイヤリング、首には玉のネックレス、左の腕に橙色の大きな腕輪を、右の腕には透かしのある腕輪をはめ、豪華に飾っている。

３本のかんざしと櫛・コハク玉

耳飾り輪

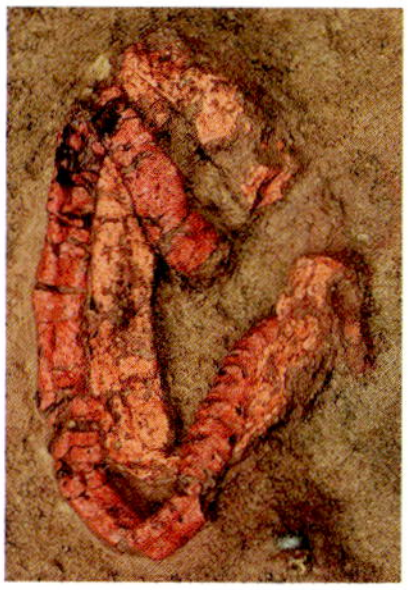

赤とオレンジ色の腕輪

紐を二重にしたピンク色の腕輪

透かし文様のある腕輪

径の大きな橙色の腕輪

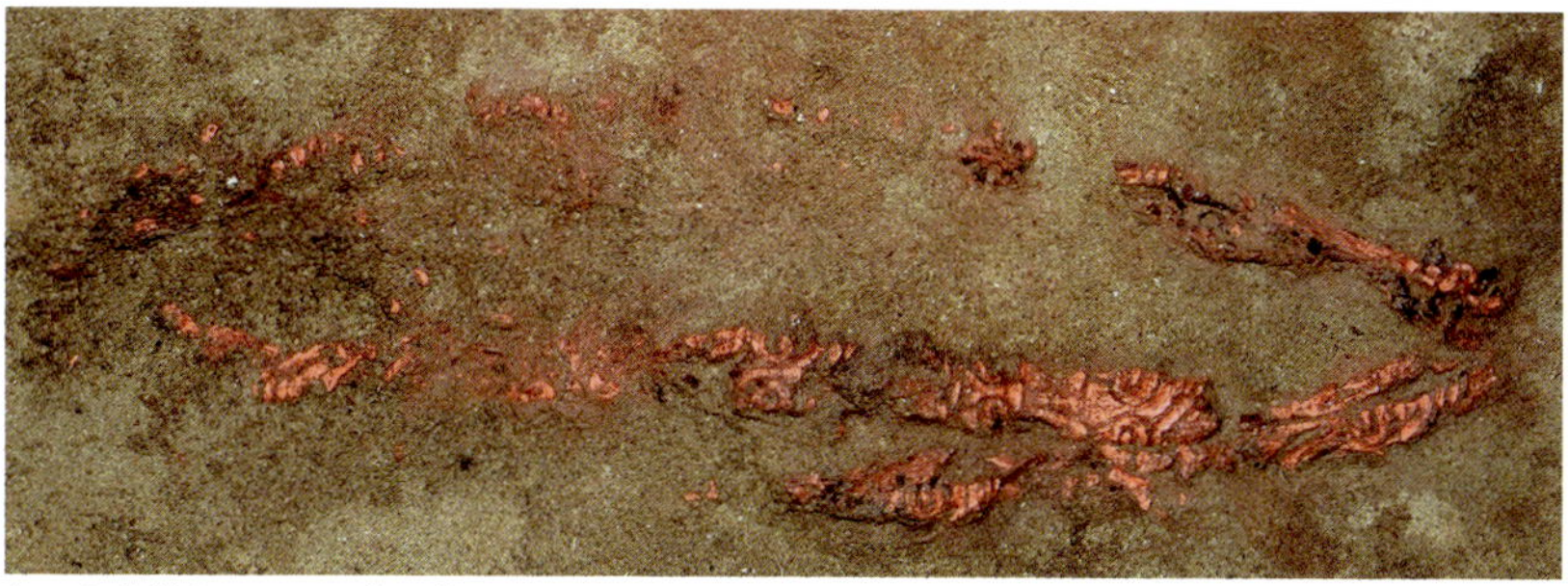

細かな文様をつけた腰飾り帯

図27 ● 119号合葬墓の頭飾り、耳飾り、腕飾り、腰飾り帯

遺体Bは（図26）、頭部付近から櫛が九個まとまって出土した。すべてを頭につけたとは考えにくく、二〜三個を髪に挿し、残りの櫛は副えたものと考えられる。この櫛の集中部に一部重なるように、数個の漆塗り輪やサメ歯がみえるが、髪をとめる輪、さらにはサメ歯とともに飾りつけた額飾りの輪と推測できる。また、両耳付近に赤色の同じような輪二個があり、耳飾りと想定できる。

左腕の位置にはオレンジ色に塗られた大径の腕輪、右腕のところには透かし文様のある赤い腕輪がある。このほか首飾りに用いた連珠や、ブレスレットと推定できる玉や勾玉も多数出土している。ここでも底面から布目痕が検出されている。

底面にまかれたベンガラ層の上の覆土（図25）は、一一八号にくらべ汚れが目立つものの、黄褐色土ローム、火山灰土を主体とし、層状も比較的均質で、遺体安置後、すみやかに埋め戻したものである。なお、遺構を二つに割るように断層があるが、近世の地震による。

一二三号合葬墓

一二三号合葬墓は円形の土坑墓で（図28）、底面積は二・〇七平方メートル、規模・形ともに一一八号と酷似する。歯の痕跡や装身具の出土状況、出土位置から五人の合葬と推定できる。整然とした遺体層や漆製品の残存状態、さらには黒色土による汚れがまったくないといってよいほどにローム、火山灰土で満たしている覆土の状況は、遺体をすみやかに同時に埋葬したことを物語る。

123号合葬墓（長径165cm、短径158cm、深さ91cm）

覆土上部の円礫、土器、覆土の堆積状態

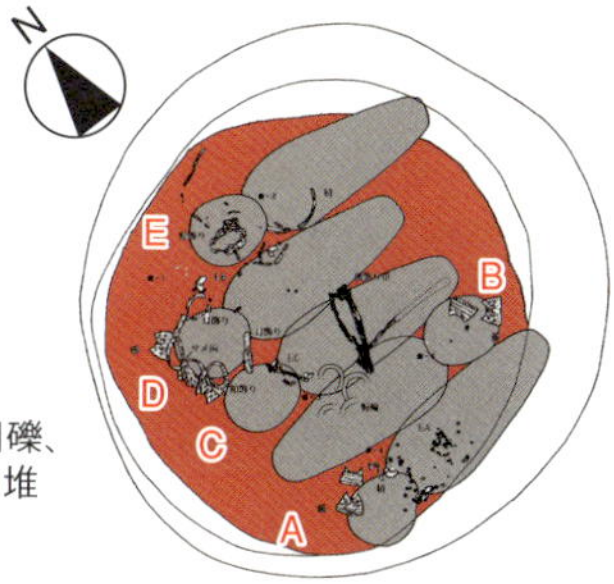

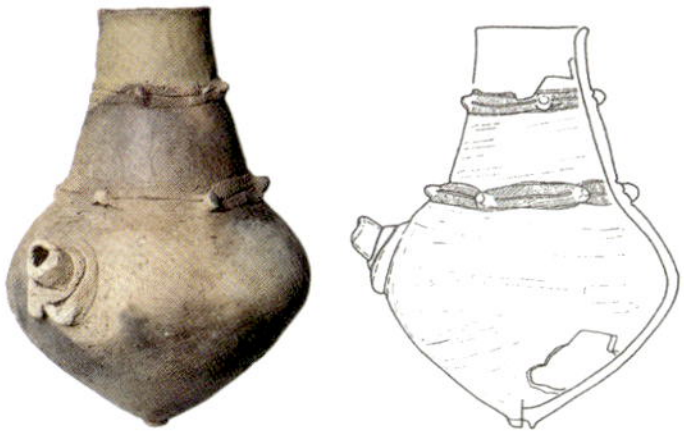

出土した注口土器

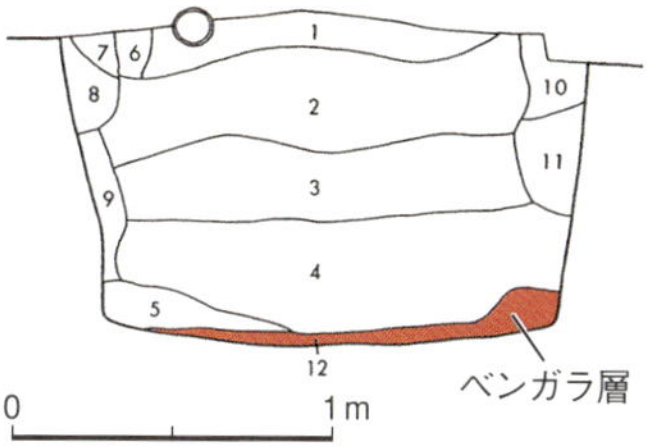

図28 ● 123号合葬墓

被葬者は５人と推定。墓の上から供えられた大型の円礫と注口土器がみつかる。遺体は、厚く撒布されたベンガラのなかにくるまるように安置してあった。掘り上げた土を、遺体の埋納後、すみやかに、しかもていねいに埋め戻している。

予想される被葬者の五人はいずれも屈葬による埋葬で、四人が頭を西に置き（A・C・D・E）、一人のみ東に置いた（B）状態で、並行に安置された。

底面上と赤いベンガラ層中から漆塗り櫛七個、腕輪四個、頭飾り五個、耳飾り二個、腰飾り帯一個、紐状漆製品二個、玉一五〇個、サメ歯一個がみつかっている。ここでも漆製品の存在が際立っているが、出土品はいずれも装身具である。

南端の遺体Aは（図29）、透かしのある櫛と透かしのない櫛の二個一組を髪に挿していたとみられる。首から胸にかけてカンラン岩、滑石、コハクの玉が散乱しているが、本来は首飾りとして用いていたものであろう。意図的に紐からはずしバラしたかどうかは不明である。

遺体Bは（図29）、頭部を示す遺体層と歯の位置関係から東頭位とわかり、ほかの被葬者とは逆の姿勢をとる。ピンク色をした透かしのある櫛とオレンジ色の透かしのない櫛をセットで髪に挿していたとみられる。

遺体Cは（図29）、かすかな歯の痕跡と玉の首飾りの位置から、五人のなかで中央に位置することがわかる。また、黒い漆の輪が薄く残る腕輪の痕跡によって、両腕の位置と遺体の向きも確定できる。連珠の首飾りと腕輪、歯の検出位置との関係から、この遺体は上からみて左に傾く側臥屈葬である可能性が高く、右頬を下にして横たわる姿が想像できる。滑石とコハク玉、勾玉で構成された連珠を首に装着し、両腕に腕輪を二個ずつ装着していたようである。

ひときわ注目されるのが、胴部をめぐる漆塗りの腰飾り帯である。環状の帯から足元にむかって垂れ下がる紐も一連のもので、結びを補助する細紐と理解できる。墓の中心に、首飾りと

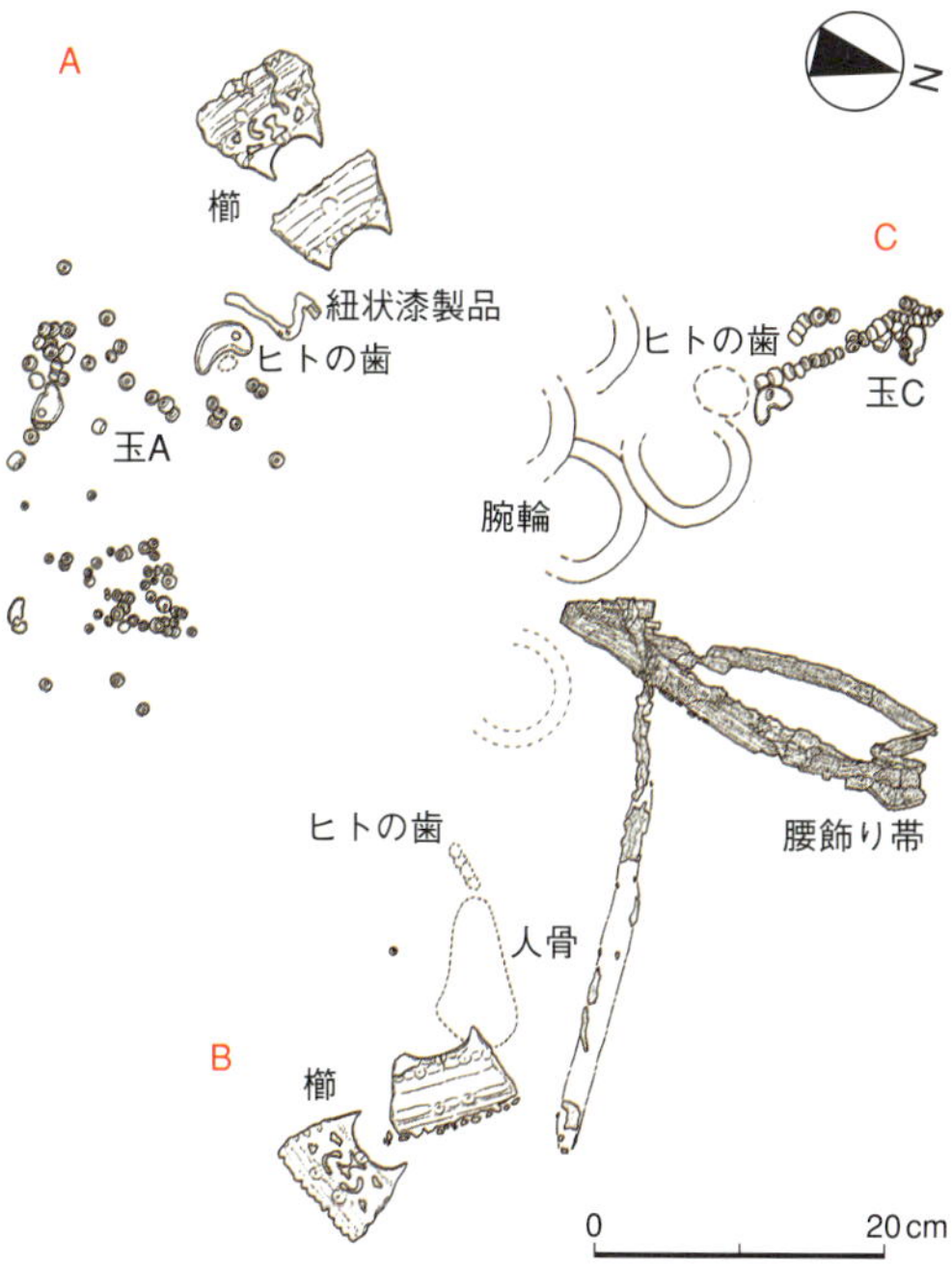

遺体Cの歯の痕跡（写真左端）と首飾り
コハク玉が連なり、勾玉が左端にあることから、顔を横向きにしていたと推定される

遺体Bは橙色と赤桃色の櫛2個を髪に挿していたようである

遺体Cの腰飾り帯
植物の蔓か茎を束ねた漆塗りの帯。左がお腹、右が背中側。胴を左から巻き、お腹のところで細紐を使って結びつけているようである。胴回り65cmほどの被葬者が、横向きに埋葬されたと推定。

図29 ● 123号合葬墓の遺体A、B、Cの装身具

腕輪をつけ、腰に漆の飾り帯を巻いた被葬者が、顔を南に向けて、側臥屈葬で葬られていたことを物語る。

この腰飾り帯は、遺体の腐朽によって全体が土圧で潰された状態にあるが、背中側の部分に芯材の折れた丸い断面がみられることから、太さ二〜三ミリの植物の茎か蔓数本を平らに束ねて芯材にしていたと考えられる。そして、この芯材を植物の皮で全体、もしくは一部分だけ縦に巻いて仕上げ、幅約一・五センチ、全長約一メートルの帯をつくっている。漆の色は、茎か蔓に塗った筋状の暗褐色の部分と、その上に塗ったオレンジ系の黄丹色の部分がある。

出土状態を観察すると、太めの帯本体と細紐が結び合う左側がお腹側で、これら帯の重なりから、腰への巻き方をつぎのように推定することができる。

まず、腹部の前から左まわりにまわし、一まわりしたところで帯に付属する細い紐でもって巻きとめ、残りの帯の先は、左わき腹のところで帯の下へ潜らせていたようだ。このように解釈すると、腰に巻いたときの全周はおよそ六五センチになる。衣服を着た遺体であることを考慮すると、このウエス

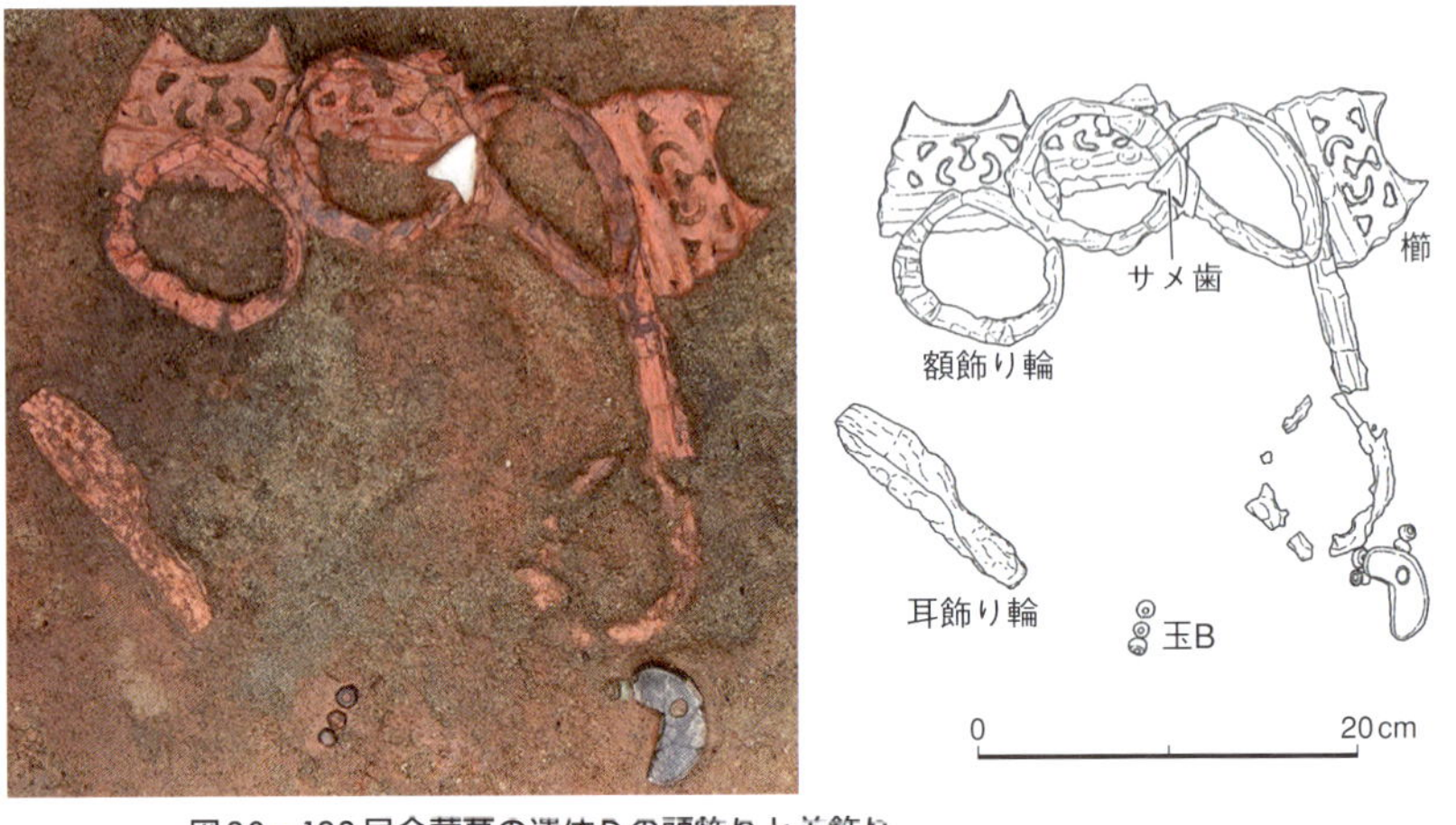

図30 ● 123号合葬墓の遺体Dの頭飾りと首飾り
紅色の櫛3個を髪に挿し、同じ色の輪4個と、その中心にホホジロザメの歯をつけた飾りを額に巻き、両耳に橙色のイヤリングを下げているようである。

トサイズから女性の可能性が高い。

遺体Ｄ（図30）は、頭部付近から多くの装身具が出土し、出土位置から装身具の種類と装着場所を推定できる好資料である。透かしのある櫛三個は等間隔でならんでいることから、それぞれ結髪に挿した櫛とみられる。この櫛に重なって出土した漆塗りの輪四個は互いに接していることから、一つながりの装身具とみなせよう。

右端の短冊状になった輪は、土圧で縦に潰れているが、四個をヘッドバンドに縫い付けて使用した頭飾りと考えられる。そして輪の中心からホホジロザメの歯一個が出土している。縫いつけるための穴をあけた歯根部が消失し、硬いエナメル質の層だけが残ったものである。

さらに、両耳に相当する場所からオレンジ色の漆塗りの輪二個が出土しているが、一一九号でもみられたような耳飾りの輪とみなすことができる。耳たぶに開けた穴に紐を通して飾る現代のイヤリングに通じる装着法を連想させる。首付近の大型の勾玉とコハク玉は、首に下げていたものであろう。

遺体Ｅは（図31）、漆塗りの輪と細長い紐の装身具をつけ

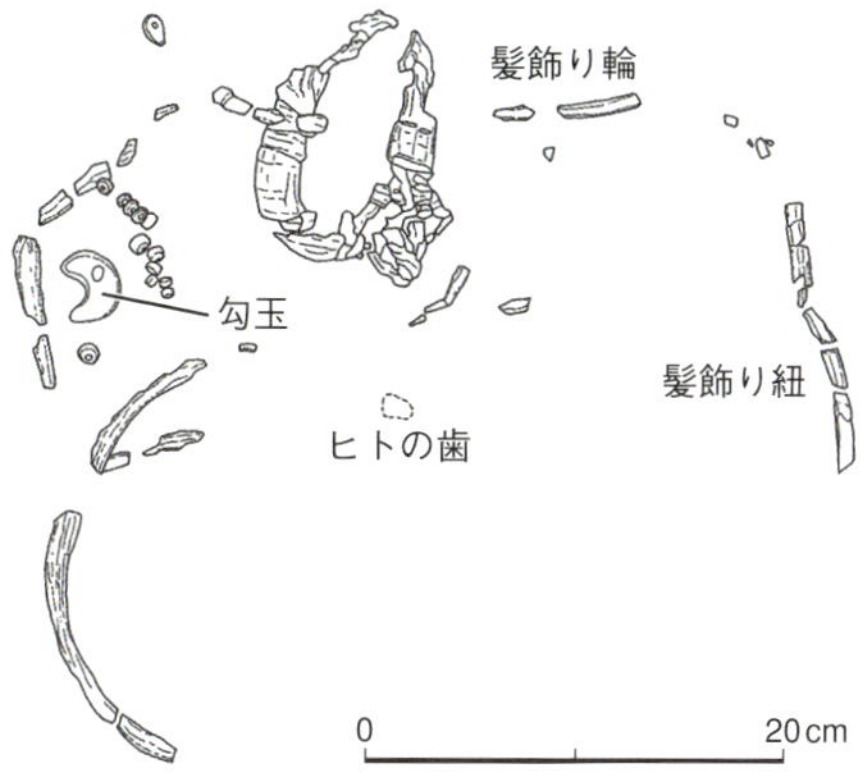

図31 ● 123号合葬墓の遺体Ｅの頭飾りと首飾り
結髪の根元を紅色の輪でとめ、さらに細いリボン状の漆塗りの紐で飾る。紐は曲線状にまがり、硬い漆にもしなやかさを兼ね備えていたようである。

た被葬者で、長さ一メートルほどの赤いリボン状の紐は、髪飾りの輪と組み合わせて飾った装身具と考えられる。当時の女性のユニークな飾り、最先端をゆくオシャレをみる思いがする。感性豊かな美が表現されているといっても過言ではなく、縄文時代のイメージを塗り変えるのに十分である。

この墓は現地でほとんど調査を終えたため、底面での布の存在を明らかにできなかった。しかし、先に紹介した二基の例と同様に、底面に布痕が残っていた可能性は高く、厚いベンガラ層と布におおわれた遺体を想像することができる。

先に紹介したように、埋葬を終えて、掘削土の埋め戻しの際には、ほぼ混じりけのない黄褐色、あるいは灰褐色のローム、火山灰を用いている。掘削から遺体の埋納、送りの儀式がどれほどの時間を要していたかは定かではないが、その間、地表の黒色土に汚染されることなく管理されていたことが驚きである。カリンバ遺跡の縄文時代の人びとは、黄褐色土を汚れのない土と認識していたのかもしれない。きれいな土をかける、戻すという、繊細な儀礼を読みとることができよう。

これも先にみたが、埋め戻された墓の上には大型の円礫と注口土器が置いてあった。注口土器は底部を打ち欠いて穴を開けてある。埋納に際して意図的に穴をあけ、命の再生を願ったのであろうか。

第４章　赤い装身世界

1　漆塗りの櫛

カリンバ遺跡でみつかった頭飾りや耳飾り、胸飾り、腕飾り、腰飾りなどは、種類、量ともにいままで縄文時代の墓では目にしたことのない様相である。朱やオレンジ、さらにはピンク色など奥深い色合いは、日本の人びとはもちろん、世界の人びとを驚かせている。

漆製品のうち、もっとも目を引くのが漆塗り櫛で、なかでも透かし彫りの技法で独特な文様をつけたものがあり、何種類かのパターンがある。つぎに多い腕輪も、形状や作り方に幾種類もあることがわかる。このほか髪飾り輪、額飾り輪、耳飾り輪など、リング状の漆塗り製品は、植物質の素材を用いて環状の芯（胎）となし、その上に漆液を塗布したものがほとんどである。なかには動物の皮を胎にした可能性のある腕輪もあるが、カリンバ遺跡の漆塗りの装身具は草木を巧みに用いて製作された、現在の技に優るとも劣らぬ貴重な工芸品である。

櫛の形

櫛は髪をすいて整えるために使うものであるが、出土した漆塗りの櫛は、装飾性の高い体部（棟部）と長い歯からできていることから、髪飾りの性格の強いものである。発見時には歯の部分が消失し残っていないが、本来は断面の丸い、細長い一二〜一四本の歯をもつ縦長の櫛（竪櫛）である。

図32に、推定される櫛歯の固定法と櫛本体の図を示した。なお、縄文時代の櫛は、紐を使って櫛歯を固定してつくることから「結歯式竪櫛」とよばれている。

カリンバ遺跡の櫛は、直径四ミリほどの歯を一四本もつのが普通で、歯の長さは七〜八センチと推定される。歯となる棒を紐で固定した後に、体部の形に合わせて植物質の粉と漆の液を混ぜた塑形材を厚く塗り、切り抜き工具で彫って透かし文様を入れ、最後に赤色顔料を混ぜた漆液を塗布して彩色する。

櫛本体の文様は、基本的には、透かし文様のある／なしの二種類がある。副葬されていた五六個の櫛のうち、

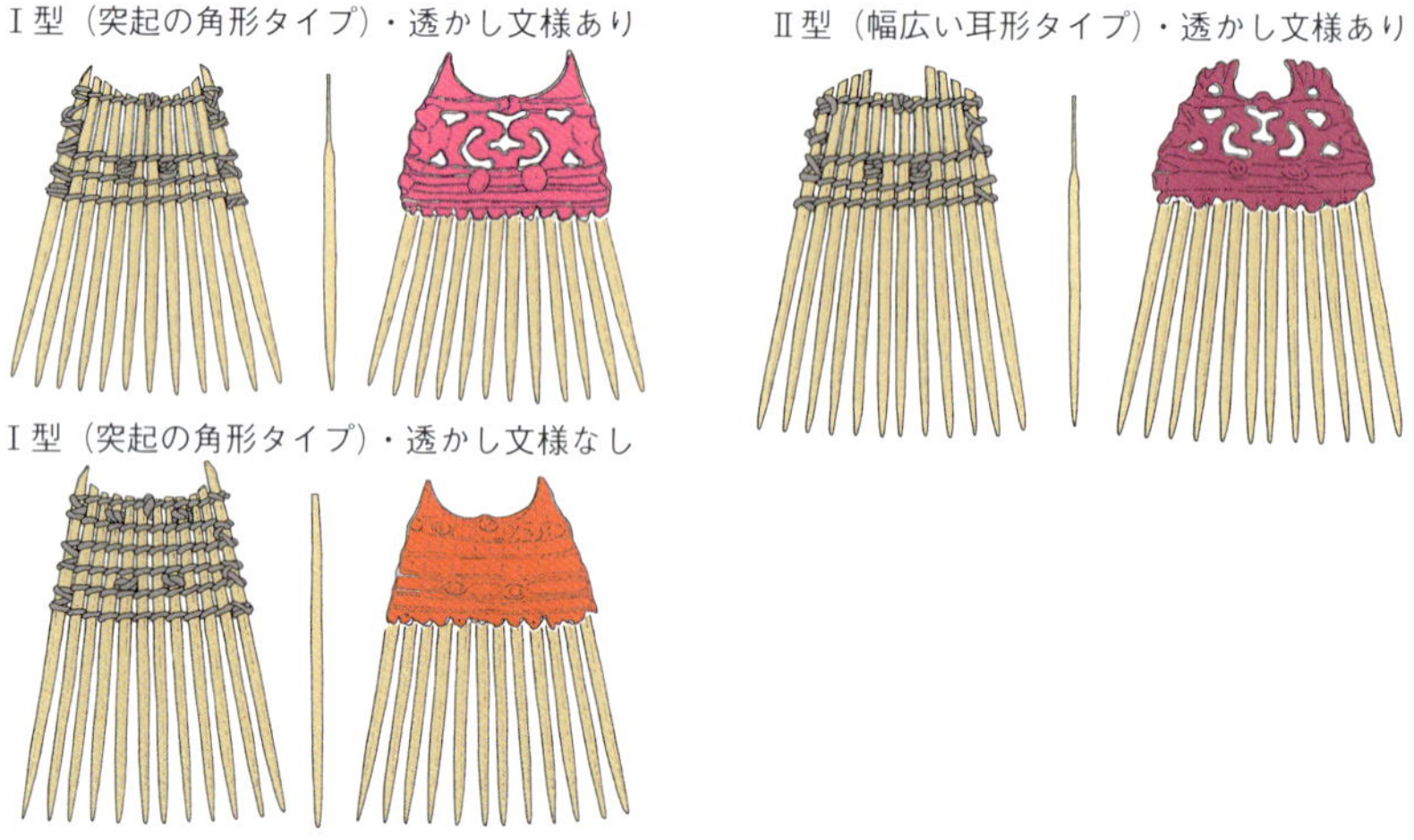

図32 ● カリンバ遺跡出土の櫛の復元図
12〜14本の歯を細い紐で編んで固定する「結歯式竪櫛」とよばれる櫛。透かし文様のあるものとないものがあり、また突起の形状からⅠ型とⅡ型にわけることができる。

二七個は透かし文様のある櫛で、二九個が透かし文様のない櫛で、ほぼ同数である。

透かし文様以外に、通常、稜状の線が三条あるが、これは歯を縛った際にできる紐の高まりをそのまま利用して、平行な筋模様をつけたものである。

透かし文様のある櫛（図33①〜⑨）では、この稜線は文様部分に認められない。理由は、透かし彫りを入れる必要から紐の巻きつけを省略したもので、しかも棒をこの部分だけ薄く削っているからである。あらかじめ文様帯として予定し、切り抜きやすくしたためである。また、丸い瘤状の高まりは、この部分に紐を巻き付け丸くしたと考えられ、体部の上方の真ん中に一個、下半に二個設けるのが普通のようである。

透かし文様のない櫛（図33⑩〜⑮）の場合、体部全体に稜線があり、通常その数は六条で、上方の瘤は二〜八個ついている。

またカリンバ遺跡の櫛は、体上部の左右にある突起の形状から二つに分けることができる。突起が鋭角的に尖る角形のタイプ（Ⅰ型）と幅広い耳形のタイプ（Ⅱ型）である（図32）。大半を占めるのはⅠ型の櫛で、透かし文様のない櫛の場合は、ほとんどがこの型である。

透かし文様の意味

北海道内から出土している透かし文様には、先に紹介した御殿山遺跡の例（図12参照）を含めると、大きく四つの種類がある（図34）。カリンバ遺跡では透かし文様のある櫛の七割が1類文様で、そのほかの2類から4類は一割に満たない。1類文様はカリンバ遺跡だけでなく、

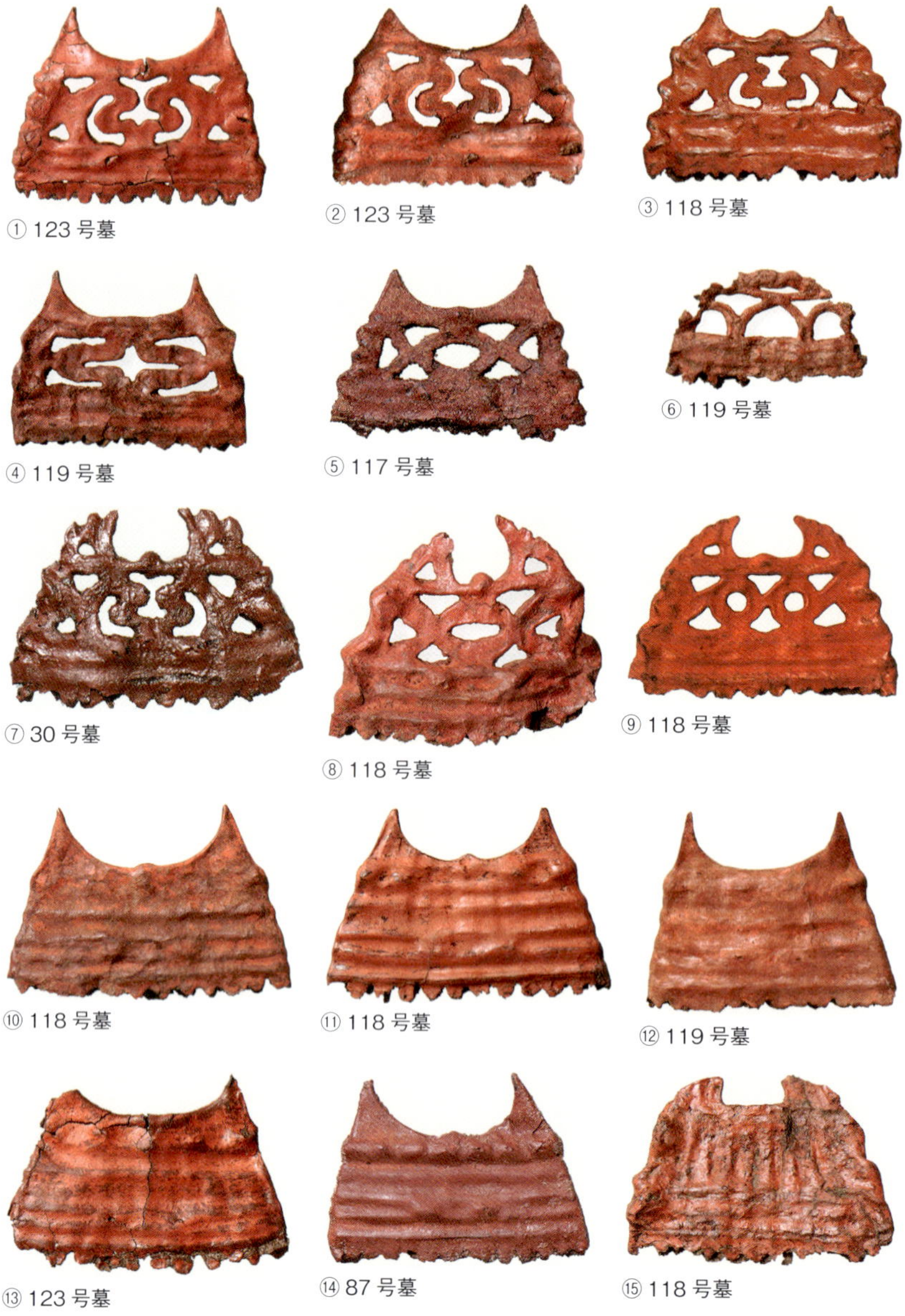

図33 • 出土した漆塗り櫛
木製の櫛歯は消え、体部に塗られた漆膜だけが残ったものである。
6は切り抜きではなく、紐を編み上げでつくっている。

柏木B遺跡、西島松《にしまつ》5遺跡などでも多く出土していることから、もっともポピュラーな文様タイプといえよう。

櫛の文様について、透かしの孔に目を奪われ、一見した印象から動物の目や口を表現した顔などと判断されることがあるが、意図した文様は図34のイラストに赤く描いた曲線文様で、注意が必要である。目や口にみえる孔（透かし）は、立体的な曲線文様を表現するために彫る陰刻手法の孔である。ただし、II型の櫛には耳のところにも丸や三角の孔が開いており、孔も模様にみせるという効果を意識しているように思われる。

このようにカリンバ遺跡の櫛は、三種類の形と四種類の透かし文様で表現された、装飾性の高い装身具なのである。透かし文様のある櫛とない櫛を二個一対で髪に挿して飾った例が一一八号や一二三号合葬墓にみられるが、当時、二種類の櫛をセットで飾るという習慣があったのかもしれない。

漆の奥深い色

漆塗り櫛の彩漆は、赤色、オレンジ色、ピンク色といった多彩な色が表現されている点も注目される。一二三号合葬墓の底面から遺体Bにともなう二個の櫛が顔を出した瞬間にみた、鮮やかで艶やかな赤桃色とオレンジ色がいまでも目に焼きついている。ほかの櫛もあわせると緋《ひ》色、唐紅《からくれない》花色、橙《だいだい》色、

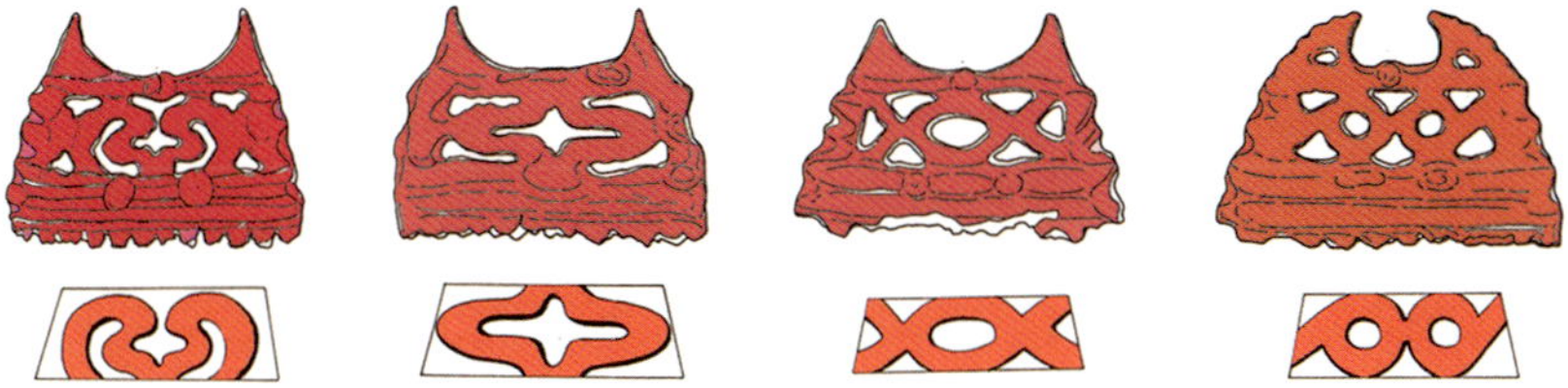

１類　２類　３類　４類

図34 ● 透かし彫り文様の種類
透かし模様は、動物の顔などではなく、曲線模様である。基本的に4つのパターンに分けられ、1類文様がもっとも多いようである。

紅緋色《べにひ》、黄丹色《おうに》、猩々緋色《しょうじょうひ》、なかにはピンクがかった紅色といったさまざまな色がみられる。このような色は腕輪や耳飾り輪、帯などにもみることができる。

櫛の芯材に塗る下地や塑形は、漆液に混ぜ物として植物系の繊維を混ぜた、木尿漆《こくそ》系とよばれるものを使用してつくり、その後、表面の塗り工程で漆に赤色顔料を混ぜた漆を塗布していく。分析によれば、カリンバ遺跡の櫛はベンガラ漆や朱漆などを幾重にも塗り、最終的に表面を発色性の良い朱漆を塗って仕上げたものが多いという。

北海道における漆塗り櫛の広がり

漆塗り櫛は、カリンバ遺跡ほどではないが、先に紹介した御殿山遺跡をはじめ、多くの遺跡で出土している。ここで、カリンバ遺跡で特徴的な櫛について系譜を考えてみよう。

図35は、北海道における縄文時代後期〜晩期の漆塗り櫛の分布図である。これまでのところもっとも古い漆塗り櫛は、縄文時代後期中葉の野田生《のだおい》1遺跡や忍路土場《おしょろどば》遺跡、安芸《あき》遺跡から出土している櫛である（①〜③）。櫛歯の結び方、体部の上端左右が尖るかたちは、カリンバ遺跡などの櫛の原型といえるもので、ちがいは透かし文様のない点である。

後期後葉の櫛は、たとえば恵庭市のユカンボシE1遺跡の土坑墓からみつかった櫛（⑦）で、**図32**でみたカリンバ遺跡の透かし文様のないI型に分類できる。

後期末葉の櫛は、カリンバ遺跡のものを含め恵庭市内の遺跡から多数出土し（④〜⑥）、形状・透かし文様はカリンバ遺跡と共通する。さらに恵庭市に近い千歳市の美々《びび》4遺跡（⑧）や

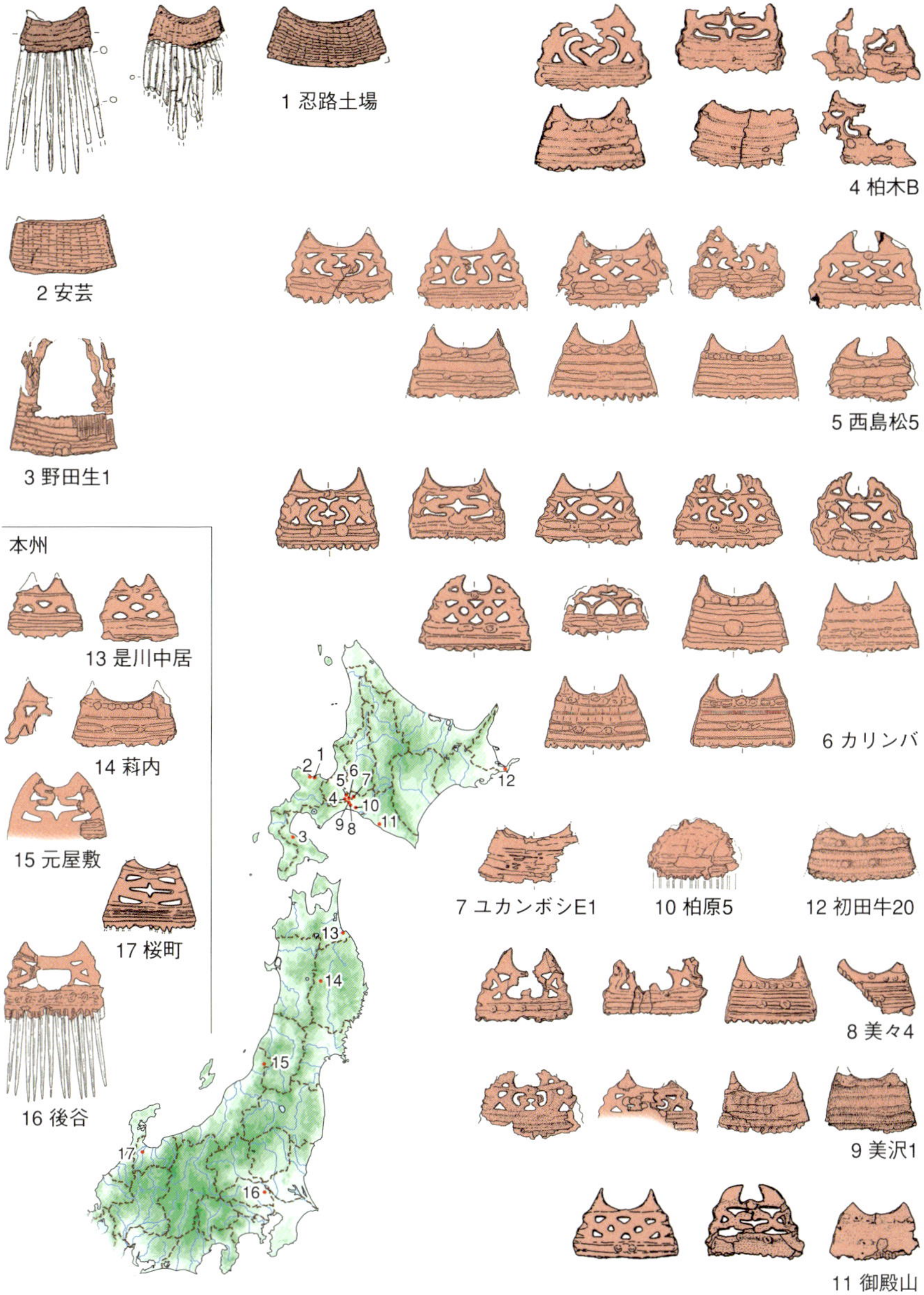

図35 ● 日本列島における北海道タイプの漆塗り櫛の分布
北海道の中央部から多く出土する。左下の13～17は、本州で出土した北海道タイプの櫛で、富山県、埼玉県などを最南端に少数出土している。

苫小牧市の美沢《みさわ》1遺跡（⑨）、また何度か登場している御殿山遺跡（⑪）にも同様の形と透かし文様の櫛が多くみられる。体部が半円状で、透かし技法によらないアーチ状模様の櫛が唯一、カリンバ遺跡の一一九号合葬墓から出土している（⑥）。

このように後期の後葉以降、カリンバ遺跡で分類したⅠ・Ⅱ型や文様1～4類が道央を中心に分布している。なかでもカリンバ遺跡が圧倒的な出土量を誇るとともに、他の遺跡にはみられない櫛も含めて多くのタイプがそろう点で、中心的位置を占めていることが理解できる。

そこで以後、カリンバ遺跡の櫛と形や透かし文様が類似したものを「カリンバ遺跡タイプの櫛」とよぶことにしよう。さらに北海道以外に目を転じると、カリンバ遺跡タイプの櫛は、「北海道タイプの櫛」とよびかえることが可能な様相もみえてくる。

本州地方の漆塗り櫛

縄文時代の漆塗り櫛は、九州と四国、中国地方の西半部を除く本州で出土しており、なかでも北陸地方の出土例が多く、関東地方から東北地方にかけて広範囲に分布している（図36）。

これまでみつかっている漆塗り櫛では、縄文時代早期末～前期初頭とされる石川県七尾《なな お》市の三引《みびき》遺跡の櫛が最古例である（図36⑭）。櫛の歯数は一五本以上で、体部は低いドーム状をなし、上部の左右に突起がついている。これに続く櫛としては、福井県若狭町の鳥浜貝塚から出土した刻歯式の漆塗り櫛（⑳）がよく知られている。縄文時代後期から晩期に属す櫛は、山陰から東北北部にかけて分布し、まとまって出土したケースもある。

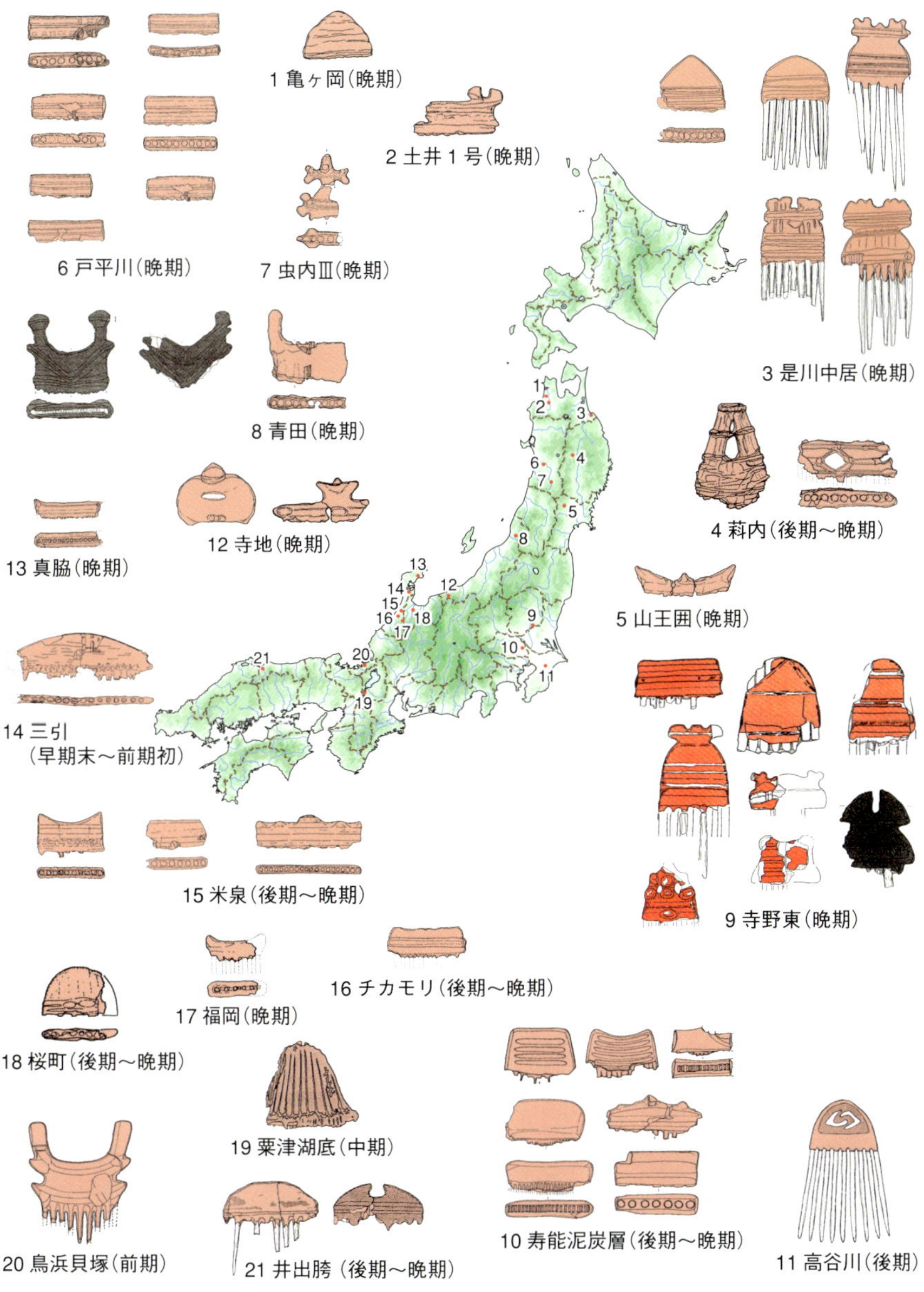

図36 ● 本州地方の漆塗り櫛の分布

北海道タイプの櫛とちがい、体部に透かし文様がない。是川中居遺跡のように、女性の髪型を表現したようなものもある。また体部の形状は台形や長方形が多く、櫛歯の開かないカンザシ形が主体的である。晩期に多い傾向がある。

こうした本州の漆塗り櫛は、埼玉県さいたま市の寿能《じゅのう》遺跡の後期の櫛（⑩上段）にみられるような体部が台形のもの、晩期の秋田県秋田市の戸平川《とびらかわ》遺跡の櫛（⑥）のような長方形のもの、さらに各地にみられる半円形のものなどが特徴的である。また、櫛歯は先が扇状に開かない平行なつくりも特徴的で、歯数も一〇本に満たない場合がほとんどである。これは、櫛がかんざしとして使用される場合が多かったことを示し、飾りの機能に重点をおいた形状といえる。青森県八戸市の是川中居《これかわなかい》遺跡（③）や栃木県小山市の寺野東遺跡（⑨）のように、半円形の体部上部に左右に突き出る装飾が施される例は、土偶に表現された頭部を連想させることから、当時の髪型をあらわしているのかもしれない。

このほか特徴のある櫛としては、新潟県新発田市の青田遺跡の角形の突起をもつもの（⑧）、岩手県盛岡市の萪内《しだない》遺跡の隙間をもつ高く突きでた体部（④）、漆で文様を描いた千葉県芝山市の高谷川遺跡例（⑪）などがあり、多様である。

本州で主体をなすこれらの櫛は、形態や構造においてカリンバ遺跡タイプの櫛とは区別できる。しかもこれらには、カリンバ遺跡タイプのような透かし文様はない。

本州におけるカリンバ遺跡タイプの櫛

少ないながら、本州にもカリンバ遺跡タイプに類似した櫛が知られている。**図35左下**に本州での例を示した。なかには透かし文様の2類の櫛もみられる（⑮⑰）。

⑬は晩期に属す青森県八戸市の是川中居遺跡の櫛で、やや小型ながら、Ⅰ型の器形と3類文

様が施されている。⑭は岩手県盛岡市の萪内遺跡から出土した櫛二個で、一つは1類文様の櫛、もう一つは透かし文様のない櫛である。⑮は新潟県村上市の元屋敷遺跡から出土した2類文様の櫛、⑰も2類文様の櫛で、富山県小矢部《おやべ》市の桜町遺跡から出土したものである。⑯は埼玉県桶川市の後谷遺跡から出土した透かし文様のある櫛。体部の左右端に三角の透かしを加えた文様は西島松5遺跡にもみられ、1類か3類文様のどちらかである。形態上はよく似たカリンバ遺跡タイプであるが、詳細に比較すると概して小型で、透かし文様もやや簡略化している。

長い間、櫛をはじめとした漆製品は本州で製作され、北海道に持ち込まれたものと漠然と判断されてきた。しかし、忍路土場遺跡や今回のカリンバ遺跡での低湿地の調査により、北海道においての漆器生産が考慮されるに至っている。

その理解に符合するように、カリンバ遺跡タイプの櫛は、北海道に集中して出土している。しかも、分布の中心が石狩低地帯南部、とくに恵庭市内にある点は見逃せない。後期中葉の櫛を基礎につくられた北海道特有の櫛、カリンバ遺跡タイプの櫛が本州にまで搬出されたことも十分に考えられ、今後の研究の進展に期待したい。

2　そのほかの漆塗り装身具

頭飾り

頭を飾る装身具は、一一九号合葬墓の遺体Aからみつかったかんざしと、一一八号合葬墓の遺体C、一一九号合葬墓の遺体B、一二三号合葬墓の遺体Eからみつかった漆塗りの輪がある。

後者は髪飾り輪とよぶ。樹皮か草の茎・葉を使って環状にしたものである。髪の毛をまとめ、その根元をとめるために装着したと考えられ、女性が結髪していたことを物語る。一一九号合葬墓の遺体Bの髪飾りは、外径一〇センチほどの縮れたような状態で出土しているが、伸縮性があったのかもしれない。一二三号合葬墓の遺体Eの細い紐状の装身具は、曲線状に曲がって出土していることから、ある程度のしなやかさを兼ね備えていたようである。さらに、同じ一一九号合葬墓の遺体B、一二三号合葬墓の遺体Dの頭付近からみつかった四個の輪と一個のサメ歯（図30）は、ヘッドバンドに縫いつけて使用した装身具とみられる。

耳飾り

赤色の耳飾りの輪が一一九号合葬墓の遺体Bから二個（図26下）、同じくオレンジ色の輪二個が一二三号合葬墓の遺体D（図30）からみつかっている。耳たぶに穴をあけて紐でつりさげて使用したものと考えることができる。

胸飾り

一一八号合葬墓から出土した装身具二個である（図22・23）。類例が少なく断定はできないが、遺体Bの小さなリボン状の装身具は、表裏に立体的な渦巻き模様があり、衣服の胸元に飾りつけられていた可能性がある。遺体Cの胸の位置にある赤と黒の輪二個も、腕輪の径より小さいことから、胸に紐などで下げる装身具とみなすのが適当であろう。

腕輪

腕輪は櫛についで出土数が多く、三五個みつかっている。樹皮や草本類の茎、葉などを使って輪をつくり、その上を撚り糸、あるいは樹か草の皮を巻いて胎にしたものが多く、カリンバ遺跡の腕輪を特徴づけている。獣の皮を胎にした可能性のあるものもあるが、明確ではない。

外径一二センチ前後の輪が多く、これより大型のものもみられ、色は赤系のほか黒色がある。胎のつくり方から、以下の四種に分類することができる（**図37**）。

１類　植物の茎か葉を丸くし、その上から撚り糸を巻きつけて胎にした腕輪。X字形にクロスした糸の痕跡が漆膜の下から浮きでるところもあり、一種の浮文をつけたかにみえる。このタイプの腕輪には黒色のものが多い。

２類　植物の茎か葉で丸い芯をつくり、その上から、樹皮、もしくは草皮を巻きつけて胎にしたもの。**図37**②〜⑥は、一一八号合葬墓の遺体B・Cの腕輪で観察された胎の推定図で、環形の輪に加え、突起（a）、ブリッジ（b）、スリット（c）、膨らみ（d）、複数の輪（e）などの飾りを加えてあり、細分可能である。このほか一一九号合葬墓の遺体Aが右腕にはめていた腕輪は環の一部が開く形状をなす。

２類の腕輪の特徴は、たんに輪にしたものではなく、環形の輪になんらかの飾りを加えた「加飾」にあるといえる。単純な環形だけの腕輪は存在しない。a・b・cのブリッジやスリットの孔に、別の布や細紐を通し、身体をよりいっそう飾るために編みだされた工夫とみられる。dは、二本の蔓を二重に絡めて輪をつくり、その上から樹皮、あるいは草皮を巻きつけて胎にしたもので、数カ所に膨らみをつけている。膨らみは、皮を厚く巻いた部分で、漆を塗った後にミミズ腫れ状に膨らむようにしたものと考えられる。eは蔓か茎で三つの輪、手前に一つの輪をつけたと推定されるが、実物は土からとりはずされていないため、検証は今後の課題である。

このように2類の腕輪は、環本体に加飾を施すことによって装身効果を高めたものと考えることができる。

3類　木胎、もしくは獣皮を胎にした可能性のある腕輪。**図37**⑦は一一九号合葬墓の遺体Bから、⑧は単葬墓の一一七号土坑墓からみつかったものである。二つとも推定復元図で、⑦は連続する彫刻模様を外周にほどこし、彫刻した部分に赤漆を

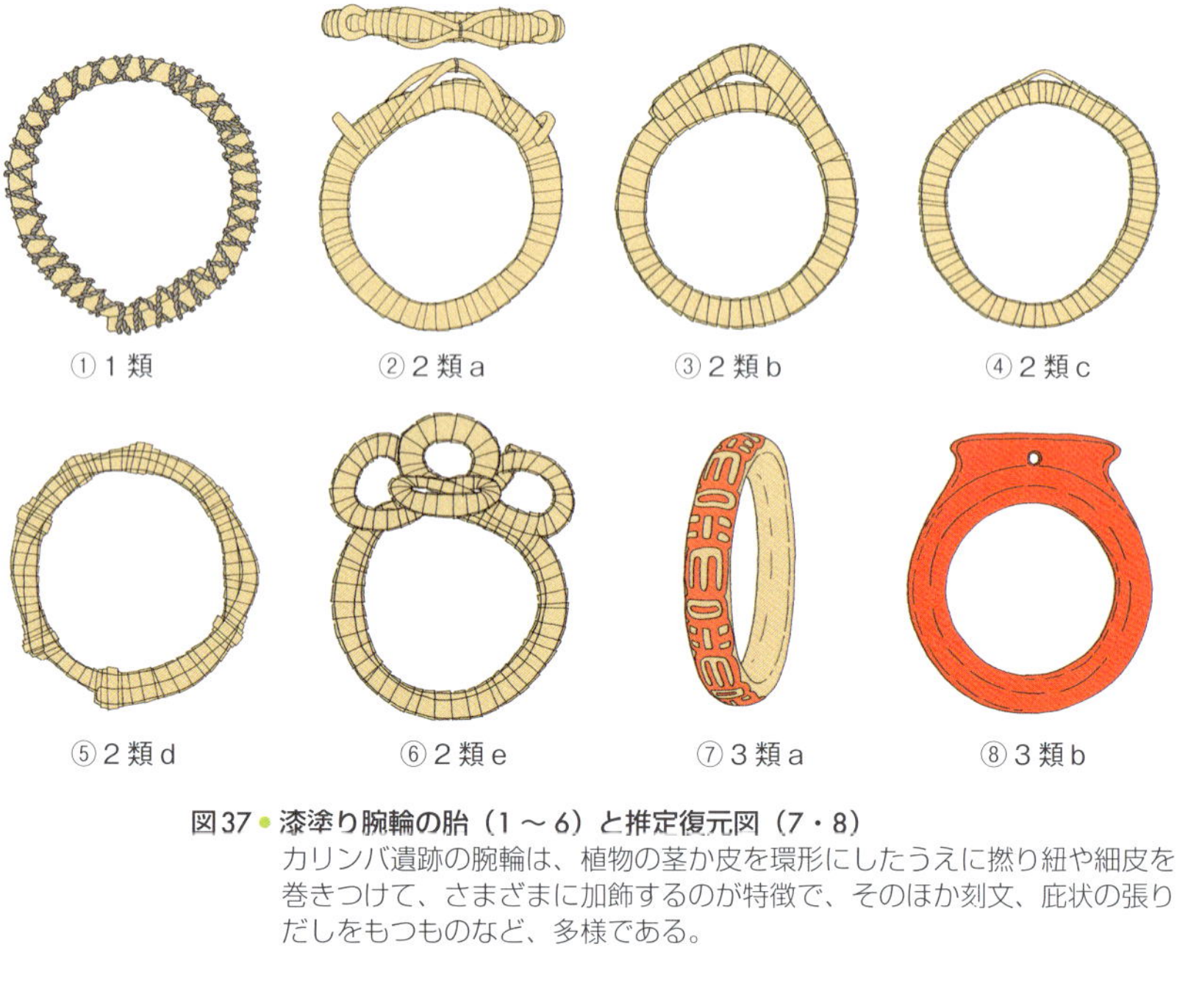

図37 ● 漆塗り腕輪の胎（1〜6）と推定復元図（7・8）
カリンバ遺跡の腕輪は、植物の茎か皮を環形にしたうえに撚り紐や細皮を巻きつけて、さまざまに加飾するのが特徴で、そのほか刻文、庇状の張りだしをもつものなど、多様である。

つけたと思われる。⑧は庇状の張出しをもつ腕輪で、張出しの中央に小さな孔があけられている。

４類　一般的な腕輪に含めることができない大型のものと細い紐を使った腕輪。一一九号合葬墓の遺体Ｂの左腕の腕輪は、草本類の茎状のものを胎にした外径一五センチほどの大型の腕輪、同じく一一九号合葬墓の遺体Ａの左腕の腕輪は、細い紐を二つに折って使用したと思われるピンク色に塗彩されたものである（図26参照）。こちらも外径約一五センチで、遺体Ｂと同様、左腕にはめている。当時の飾りのはやりが垣間見える。

腰飾り帯

一一八号合葬墓のものはサメ歯を多数つけた布製か獣皮製の帯と考えられる（図22参照）。一一九号合葬墓の帯は、胎に獣皮を用いた可能性のある赤漆塗りの帯で、全体に直線と半円を組み合わせた細かな文様が連続的に施されている（図27参照）。長さ一一八センチ、幅一・八センチで、被葬者の腰を右まわりに巻いていたようである。一二三号合葬墓の帯は、植物の細い茎か蔓を数本束ねて芯にし、その上から紐を巻きつけて、オレンジ色の漆を塗ったものである（図29参照）。いずれも衣服の上から巻いた帯と推定される。

合葬墓の項で述べたが、複数被葬者のなかの一人だけが装着している事実である。その象徴的な効用を想像すると、集団のなかでの特別な位置、役割を想定するのも、あながち的外れとはいえないだろう。

第5章　女性シャーマンの登場

1　被葬者の性別

男性＝石棒、女性＝漆塗り櫛

すでに述べたように、残念ながら発見された土坑墓には人骨は残っておらず、被葬者の性別や年齢はもちろん、集団内での社会的地位や役割を正確に特定することは難しい。しかし、ほかの遺跡に類例をみない色とりどりの装身具や副葬品から、被葬者たちの性別や社会的位置などを想定することができる。みごとな飾りと副葬品のおかげである。

縄文時代前期（五五〇〇年ほど前）、東日本に出現した石棒は男性器を表象し、祭儀などに用いられたとみなされている。

石棒は中期（五〇〇〇年ほど前）になって大型化し、長さ二二三センチ、直径二五センチという巨大なものも登場する。中部・関東地方では、環状集落の中央広場に立てたとみられる例や敷石住居のような配石遺構の中央に四本の石棒をならべ置いた例などが報告されている。後期（四〇〇〇年ほど前）になって、研磨と線刻などで精巧につくられる一方で、持ち運び容易な小型のものへと規格が縮小する。石棒は祭儀に使用したためか、破損品が多いが、後期になると土坑墓に副葬した完形の石棒が急増する。とくに北海道にその傾向が強い。

カリンバ遺跡の単葬墓、七五号、八五号から出土した三本の石棒もその好例である（図13参照）。とくに七五号例は晩期の石刀に近い形状で、終末期の様相を呈する。男性に帰属するそもそもの機能から推して、石棒をともなう被葬者は男性にまちがいないであろう。

大量に出土した漆塗り櫛については、男女のちがいを明らかにした確かな例はないが、現代の民族例などを参考にすると、櫛を髪に挿す習慣は女性に多く、被葬者は女性とみなすことができよう。豊かな各種の装身具をともなう場合が多い事実とも符号する。一方、同じくまとまって出土している玉については、男女両性での使用が知られており、どちらかに決めるのは難しい。ここでは、櫛がみられない事実を重視し、玉だけの副葬例を男性のものと仮に判断する。

こうした点を考慮すると、カリンバ遺跡の土坑墓に埋葬された人びとの性別、男女の割合は、どう理解されるであろうか。

被葬者の男女の割合

まず櫛を基準に合葬墓四基について推定してみよう。櫛がないのは一二三号の遺体Cのみであるが、腰飾り帯があり、そのサイズなどから、やはり女性の可能性が高い。とすると、一一八号、一一九号、一二三号合葬墓の三基は一一人全員が女性と推定される。

図38に、これまでに紹介してきたそれぞれの遺物の出土状況をよりどころに、この三基の合葬墓に埋葬された女性たちの当時の様子、飾られた装身具の様子を具体的に推定復元してみた。

一方、同じ大型合葬墓の三〇号の場合も、すべてを女性とみなすこともできるが、櫛を持たない例が多く、やや様相が異なる。ここでは櫛の位置を決め手に三人が女性、残りの四人以上が男性と推定しておく。結局、合葬墓四基での構成は、女性一四人、男性四人＋αとなる。

118号
手足を折り曲げた屈葬で、３人は西向きに、１人が東向き。右から２人目はサメの歯をつけた腰飾り帯を巻いている。

119号
屈葬姿勢で、頭を西に向けている。左側の被葬者は漆塗りの腰飾り帯を巻いている。

123号
左から２人目が東頭位、ほかの４人は西頭位で、屈葬姿勢の５人がならぶ。上半身を漆塗りの装身具や玉で飾る。中央の被葬者は漆塗りの腰飾り帯を巻いている。

図38 • 118・119・123号合葬墓の被葬者たちの埋葬状況復元推定図（Totoyakara画）

　単葬墓の三二基については、合葬墓と同じように、櫛が出土した墓を女性の墓、それ以外を便宜的に男性の墓とすると、女性の墓一三基、男性の墓一九基となる。以上、合計して人数を単純に割り出すと、女性二六人、男性二四人という結果になる。限られた範囲、不確定な要素が多いなかでの試算のため断定はできないが、男女ほぼ同数が埋葬されていたようである。

　位置でみると（図39）、調査区内の南西側に女性、北東側に男性が多い傾向を読み解くことができる。また、土坑墓の長軸方向、そして遺体層・副葬品の配置などから、西方に頭を置く

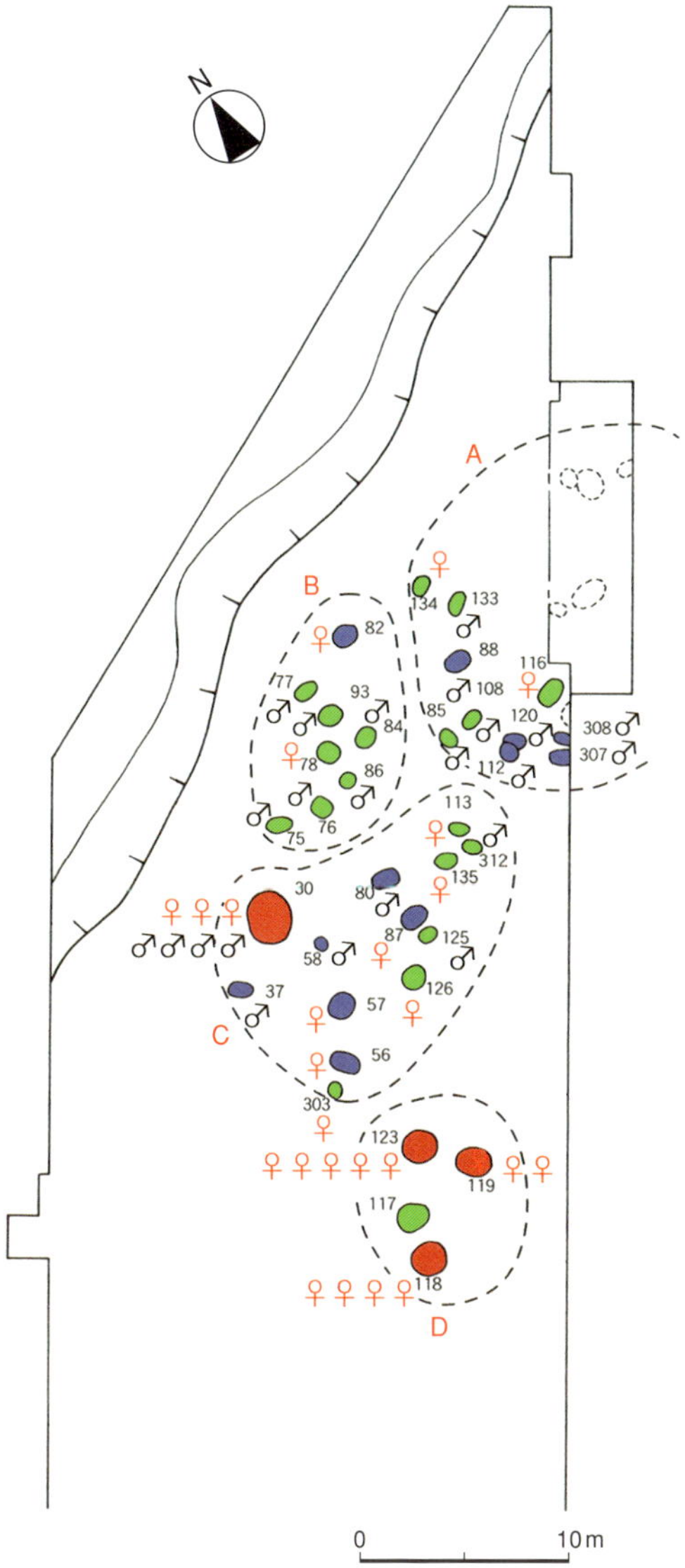

図39 ● 群集墓の分布（A～D群）と被葬者の性別
墓域は段丘縁辺にあり、合葬墓はその西端付近に分布。被葬者の性別は、南西の合葬墓３基を含み、西側に女性が集中する傾向を示す。

葬法が基本であることを明らかにしてきたが、豊かな副葬品に包まれる女性たちの合葬墓は、いずれも墓域の西側に位置する。他界へと旅立つ女性たち、亡くなってもなお人びとを西方へと誘う女性たちの社会的役割が注目される。

2　合葬墓の被葬者たち

一一八号、一一九号、一二三号の合葬墓から、それぞれ二組の女性を選び、図40のようなアクセサリー装着推定図を作成してみた。上段の三人は各合葬墓で中心とみられる腰飾り帯を巻いた女性で、下段の三人は各合葬墓でもっとも多数の装身具を身につけていた女性である。

推定図を作製するにあたって、いくつかの事例を参考にしたが、とくに縄文時代後・晩期の土偶を参考にした。埼玉県さいたま市の真福寺貝塚や鴻巣《こうのす》市の滝馬室《たきまむろ》遺跡のものが著名ないわゆる「みみずく土偶」である。頭部に三つの結髪と、そこへ挿す一個あるいは三個の櫛が表現されている。ほかにも、御殿山遺跡の首飾りや耳飾りを表現したものも知られている。

また直接的つながりはないが、現代の北アジアや東南アジア、北米、アフリカの諸民族の装着例なども参考とした。とくにアフリカに好例が多い。カリンバ遺跡にあるような頭飾り、額飾り、耳飾り、腕飾りなどをつける習慣が残っており、とくに額飾りと腕輪を参考とした。

さらに、合葬墓の底面に残された布目痕の編布と櫛の透かし文様である。衣服は、上下分離する服と一体型の二通りを想定し、赤い図柄は櫛の基本文様を参考にした。

多数の装身具を身につけていた女性

一一八号Ｂは、三個の透かし文様のある櫛を挿し、額にはサメ歯数個をつけたヘッドバンドを巻き、両耳に小さな耳飾りを下げていたものと推定した。櫛の数は、結髪を三カ所にしているとの前提である。腕に黒い腕輪二個と赤い腕輪一個からなる計三個ずつの腕輪を、また手首には玉のブレスレットを装着している。また、胸飾りとして、小さなリボンを衣服の襟元に縫いつけて飾っている。

一一九号Ｂも、三つに結った髪に三個の櫛を挿し、結髪の根元を髪飾り輪でとめ、額に漆塗り輪二個とサメ歯一個で構成されるヘッドバンドを巻き、漆の耳飾りを下げたものと推定した。さらに、小玉と垂玉の首飾り、左腕に大きな腕輪一個を、右腕には文様のついた腕輪一個を、手首に小玉と勾玉のブレスレットを装着している。

一二三号Ｄにも一一九号Ｂの頭飾りと同じような、三つに結った髪に櫛を一個ずつ挿し、額に漆塗り輪四個とサメ歯一個をつけたヘッドバンドを巻き、オレンジ色の耳飾りを下げている。もちろん、玉の首飾りもしている。

こうした装身具の組み合わせはカリンバ遺跡独特のもので、たいへん豪華な装いである。

腰飾り帯を巻いた女性

一方、腰飾り帯を巻いた女性たちの装いはどうだろうか。一一八号Ｃは、大きく一つに結った髪の根元を髪飾りの輪でとめ、櫛一個を挿している。髪飾り輪からの細長い紐が下がっていたかもしれない。さらに、漆塗りの胸飾りをさげ、左腕に二個のオレンジ色の腕輪と、右腕に二個の黒い腕輪を装着している。左の腕輪からは細長い紐が垂れ下がっていたかもしれない。帯は、漆を塗らない布か皮製で、小さなサメ歯

図40 ● 合葬墓に埋葬された人びとの衣装と飾りの想定図（Totoyakara画）
上：腰飾り帯を巻く女性たち。首飾りと腕輪を装着し、2人は髪に櫛、髪飾り輪、かんざしを挿す。
下：多くの装身具を身につけた女性たち。3つに結った髪に櫛を挿し、頭飾り、耳飾りで豪華に装う。左は滝馬室遺跡出土の土偶で、3つの結髪の下に、それぞれ櫛を挿したように表現されている。

を列状に多数つけている。

一一九号Aは、一つに結った髪に櫛一個とかんざし三本を挿し、コハクで前髪を飾っている。小玉と勾玉の首飾りを下げ、左腕にピンクに塗られた細紐の輪を二重にして巻き、一個の勾玉も巻いている。右腕は、赤とオレンジの腕輪二個をはめ、小玉も紐で巻いている。腰には、刻文を密に施した赤漆の腰飾り帯を巻いている。

一二三号Cは、勾玉を配した首飾りの玉を下げ、両腕に二個ずつ黒い腕輪をはめ、腰に赤い漆の飾り帯を巻いている。この人物に頭飾りはみられない。装身具が検出されなかったので、結髪は描いていないが、まったくつけていなかったと決めつけることはできない。

このように、腰飾り帯を巻いた女性は、頭飾りが少なく、多数の装身具を身につけていた女性よりも落ち着いた印象がある。一一八号Cと一二三号Cで合葬墓のほぼ中央に位置していることと、帯を巻く遺体は合葬墓に一人だけという点から、一緒に埋葬された女性たちのなかでも特別な人物であった可能性がある。

3　合葬墓をめぐる論争

ひときわ大きな四基の土坑墓に、複数の遺体を合葬したのは、どのような事情があったのであろうか。突然、大勢の人びとが亡くなり、世帯ごと、あるいは親族同士四つのグループに分け、合葬したのであろうか。あるいは、集団死がたまたま相つぎ、そのたびに大きな墓穴を掘り、合葬した結果であろうか。こうした偶然の積み重ねを否定はできないが、優雅な装いをした人びとの手厚い埋葬こそ、カリンバ遺跡が世界的に注目される理由である。死のいきさつや被葬者たちの関係について、いくつかの説を紹介しながら整理を試みてみよう。

時差埋葬（追葬）説

一度に集団死が起きたのではなく、長期的に一人ひとりを追葬していったにすぎない、とする考えがある。すなわち、用意した大きな開放状態の墓穴に小屋掛けし、あるいは蓋などをしながら、死者が生ずるたびに遺体を加えていき、中央の被葬者の埋納で墓穴内がいっぱいになった段階で土を埋め戻し、またつぎの墓穴を掘る、その繰り返しであったとみなす説である。時間をかけての「時差埋葬」である。

この説は日本や中国の古書などに記された葬送儀礼「殯葬《ひんそう》」を念頭においての見解でもある。仮安置した遺体の腐敗分解、白骨化をもって正式な死とみなし、恒久的な棺槨《かんかく》に本埋葬するのであるが、その仮埋葬の期間に執りおこなわれる儀式が殯《もがり》である。

また、一時埋葬した場所から、一定の期間をへて永眠すべき場所に遺骨を移し、本埋葬するという風習がある。沖縄の洗骨や風葬、あるいはシベリアの樹上葬、家屋葬などがよく知られている。縄文時代にも、九六体分の頭骨をはじめ、大量の遺骨を収骨し一つの土坑墓に本埋葬したとみられる茨城県取手市の中妻《なかつま》貝塚の例などが知られている。

しかし、一一八号、一一九号、一二三号合葬墓の土層断面で明らかなように、土坑墓を掘ったときの土をほぼそっくりていねいに埋め戻しており、墓穴を掘ってから土を埋め戻すまでに長い時間の経過を考えることは不可能である。遺体の大きな移動を示す証拠も認められない。また、地上標識の礫群などが確認されているが、建物の存在を示すような痕跡はいっさい確認されていない。

同時埋葬説

こうしてみると、それぞれの合葬墓に埋葬された被葬者たちが、合葬墓単位で亡くなったことを疑うことはできない。問題は、いかなる理由で同時埋葬したのかである。病気や悪質なウイルスの蔓延、突然の自然災害により、しばしば大勢の人びとの命が失われることがある。予期しない突然の不幸にカリンバ遺跡の住人たちが遭遇したとしても不思議ではない。翡翠やコハクなどの稀少財を求めておこなわれる東北地方やサハリン方面との頻繁な対外交流が、思わぬ災害をもたらした可能性も否定できない。

しかしここでも、単葬墓の被葬者たちがたくさんいるなかで、なぜ豊かな装身具を身につけた人びとだけが同時に亡くなったのか、それも女性たちだけがどうして、という疑問が出てくる。有力な説ではあるが、合葬墓の謎の解決とはいかない。

冬は深い雪に見舞われる北海道。大地は凍りつき墓穴を掘るのもたいへんである。冬に亡くなった仲間を、別の場所に一時的に安置し、雪解けを待って大きな墓穴を掘り、まとめて埋納したと仮定すれば、土坑墓内の複数の遺体を同時に埋葬したとみなす調査所見と一致し、北海道にふさわしい理由かもしれない。

しかし、特別な女性たちだけが冬の時期にくり返し死を迎えるというのは不自然である。また、雪解けを待って墓穴を掘るとしたならば、縄文時代後期末以外でも頻繁に起こりうるはずで、カリンバ遺跡のみの特別な様子を説明する確かな理由とはならない。

さまざまな可能性を考慮しての検討も、床面上の遺体層や布目痕の広がり、種類豊富な装身具の配置状況、被覆土の詳細な堆積状況からは、複雑な埋葬過程を示す状況にはなっていない。死をともにするごく一般的な同時期埋葬と認めざるをえない。

「殉葬」説

問題を解き明かす鍵は、豊かな装身具を保有する女性たちの関係にありそうである。ここでいままでの縄文時代の葬制としてはみあたらなかった説が浮かびあがってくる。有力人物の死の機会に、近しい者が共に他界へと旅立つという「殉葬《じゅんそう》」説である。

このような習俗がはたして縄文時代にまでさかのぼることができるのか、早急に答えを導きだすのは難しいが、合葬墓の三基のそれぞれの中心に帯を巻いた人物が存在し、その隣に多くの装身具を身につけて飾られた人びとがならぶ状況は、帯を巻いた人物が埋葬の主役で、それ以外の人びとはその人物に寄り添うかたちで埋葬された可能性を否定できない。装身具の多種・多様さも、信奉者、あるいは殉死者をひときわ豪華に飾り立て送ろうとする仲間たちの心遣いのあらわれなのではないか。

4　合葬墓に眠る女性シャーマン

竪穴式集団墓と石棒

カリンバ遺跡の墓制に映しだされた当時の社会の様子をより深く理解するには、縄文時代後期後葉の葬制との比較が欠かせない。時代は五〇〇〇年ほどさかのぼる。

後期後葉（いまから三五〇〇年ほど前）、北海道にユニークな集団墓が出現する。大きな円形の竪穴を掘り、その床面に多数の土坑墓を配置した竪穴式集団墓（環状土籬《どり》・周堤墓《しゅうていぼ》）である。竪穴の規模は直径一〇〜二〇メートルほどであるが、千歳市のキウス周堤墓の第二号墓のように三〇メートルを超す巨大な例も知られている。

竪穴式集団墓の構造をはじめて解き明かし、研究史に名を残すのが、柏木B遺跡である（図41）。竪穴式集団墓が五基みつかり、そのなかに深くて大きな土坑墓が多数残っていた。保存状態のよくない第五号墓を除くと、第一号墓の竪穴内で二一基（ほかに外周に一三基）、第二号墓で一一基、第三号墓で八基、第四号墓で七基の土坑墓があった。

これらの築造過程をくわしく調べてみると、石棒を有した有力人物の死をもってつぎつぎと構築された様子がわかった。被葬者は西に頭を置き、屈葬の姿勢で埋葬している。

第二号竪穴式集団墓の中央に位置するひときわ大きな土坑墓（二〇〇七号）には、二人が合葬されていた。頭部付近の西壁には石棒を二本立て置き、その根元には石斧を置いてある。死者の再生を願ってか、石棒にはベンガラを厚く塗ってある。

〔第Ⅰ地点〕
第 1 号竪穴式集団墓
径 12.6 m、深さ 40 cm の円形の竪穴のなかに土坑墓が 21 基、外周に 23 基配された集団墓地。地上標識・配石のまとまりから 3 つの集団に分かれる（写真では配石下の土坑墓は未発掘）。

2007 号土坑墓の石棒
第 2 号竪穴式集団墓の中央のひときわ大きな土坑墓に立て置かれた石棒。

〔第Ⅱ地点〕
環帯状に広がる土坑墓群

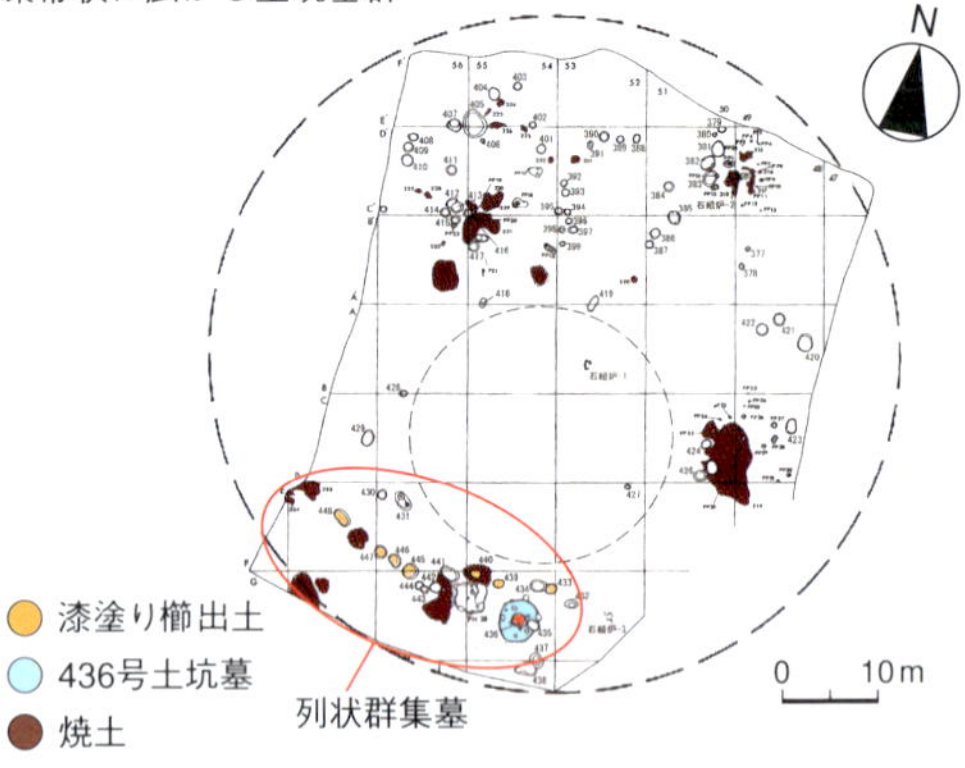

南の列状群集墓（土坑墓群）
漆塗り櫛をともなう土坑墓が集中

竪穴式単一墓（径 4 m、深さ 26 cm）

土坑墓上をおおう
立石・礫群

図 41 ● 柏木 B 遺跡の遺構
縄文時代後期後葉～末葉に、男性中心（石棒）の集団墓から、女性中心（漆塗り櫛）の集団墓へ移り変わる。やがて女性主役のカリンバ遺跡の墓制へ引きつがれていく。

柏木B遺跡からは、石棒が合わせて一四本みつかっている。両端に瘤状突起をもつ両頭タイプ、一方のみの単頭タイプ、両端が尖る無頭タイプがあり、施された模様もそれぞれに独特である。これらの呪具に加えて、漆塗り弓や石斧、石鏃などの副葬品の組み合わせから、竪穴式集団墓のなかで石棒をもつ土坑墓の被葬者たちが男性であることはほぼまちがいない。そして、この竪穴式集団墓の築造の先駆けをなした中心人物であったと推定できよう。

この中心人物は集団を統率するリーダー、あるいは霊魂ならびに超自然的世界と交信をおこなったり、病人を癒し病気を直したり、動物たちの生命を制御したり、天候を制御したりする特別の能力を兼ね備えた、「シャーマン（呪術者）」ともよべる人物であったろう。石棒はその存在を物語るとともに、それを用いる呪術者の社会的役割の大きさをうかがわせる。

北海道ではこれまでに八〇基を超す竪穴式集団墓がみつかっている。ところが、仲間同士が力をあわせて築いた共同墓地であるにもかかわらず、途中で使用放棄されるケースが非常に多い。規模もしだいに小さくなり、小型で、環状の溝にかこまれた中央部に土坑墓一基を築いた例（周溝式単一墓）などもあらわれ、集団の分散化、離合集散の傾向を読みとることができる。

列状群集墓の出現

では、縄文時代後期後葉の竪穴式集団墓における石棒を副葬する柏木B遺跡から、後期末葉の合葬墓に漆塗り櫛などの装身具を副葬するカリンバ遺跡へと大きく移り変わるのはいかなる理由によるのか。両者の橋渡し役を担う興味ある遺構が、柏木B遺跡の第Ⅱ地点（西部地域）

でみつかっている。

第Ⅱ地点では、環状に大きく土坑墓群が展開するなかで、西から南にかけて、竪穴式集団墓をそっくり小型化したかのような「竪穴式単一墓」と漆塗り櫛を副葬した単葬墓がならぶ、「列状群集墓」と名づけた遺構群が位置している（図41下段）。

竪穴式単一墓は、径四メートル、深さ二五センチ、円形の竪穴の中央にひときわ大きな土坑墓（四三六号で、径一三八×一二六センチ、深さ七八センチ）一基が配されている。土坑墓の周囲には板状・柱状節理の大きな角礫・円礫が多数ならんでいる。当時は屹立し、地上標識として機能していたことがわかっている。特別な構造、想定される当時の偉容から、被葬者が集団内で特別な役割をはたしていたことが理解できる。

注目されるのは、ベンガラにおおわれた底面に二体を合葬し、漆製品片（櫛？）二個、サメ歯などが副えられていたことである。被葬者が女性であることはまちがいないであろう。それに連なる単葬墓群の多くも、漆塗り櫛と耳飾りを副葬していることから、被葬者は女性が多数を占めていたことがうかがえる。玉類は、おもに蛇紋岩製や滑石製で、翡翠製が姿を消す。

広い環状の墓域の西から南にかけて集中し、女性が一群をなすこと自体、それまでにみられなかった様相である。色鮮やかな漆塗り製の装身具が目立ち、副葬品が多数になる傾向が強まるのも、女性のはたす役割が高まりつつあったことを象徴している。その一方で、集団組織の中核をなす竪穴構造の役割がしだいに失われ、独立した土坑墓に埋葬される葬制へと変遷する。いまだ櫛を除くと、カリンバ遺跡でみられるような装身具の多様な組み合わせには至っていないが、高度な漆工技術の獲得と身体装飾への利用の高まりが、組織再編を背景とした呪術、あるいは祖先崇拝など新たな信仰の世界と結びつきつつ進行していることを推察できる。

女性シャーマンの登場

このように縄文時代後期後葉の竪穴式集団墓の副葬品はおもに男性や狩猟を象徴する品々であるが、後期末葉のカリンバ遺跡の合葬墓では一変して女性を象徴する装身具が多数出土する。恵庭市内にある西島松5遺跡においても、櫛や腕輪、玉、サメ歯など多くの装身具が土坑墓から出土しており、同じような様相が周辺にもおよんでいたことがわかる。

その背景には、大規模な竪穴式集団墓の築造にかかわる男性的労働をまとめるリーダーによる社会がなんらかの理由で行き詰まり、変わって女性が重要な役割を担う時代へと推移していったものとみられる。縄文時代研究では、竪穴式集団墓がつくられた縄文時代後期後葉〜末葉にかけて、気候の寒冷化も指摘されており、社会の動揺や混乱があったことが予想されている。

漆製品の製作・加工技術の発達、櫛や腕輪などで色鮮やかに身を飾るファッションは、女性たちがその製作と実用に大きな役割を担っていたからにほかならない。身体を色鮮やかに装飾する新たな精神文化の開花であり、女性の身体を飾って葬る社会への移行、この精神文化の展開が、女性シャーマンの登場をもたらしたものと推察される。

一一八号と一二三号合葬墓では墓の中央に、また一一九号合葬墓でも帯を巻いた人が一人だけいる。これらの人物こそが女性シャーマンである。一二三号合葬墓の、頭に漆の装身具をつけていない人物は、より年長の優れた女性シャーマンであったのではないであろうか。

ここでは各合葬墓の一人の元シャーマンを除く、他の被葬者たちも同じ女性で、ともに死と向き合った人びとといえよう。特別な呪力を兼ね備えた宗教的指導者・シャーマンの役割と存在の大きさを考えるとき、シャーマンの死に接してみずから進んで殉ずる「殉死者」であったと考えるのも決して的外れとはいえまい。専制的な権力者とは言い難いが、特別な埋葬様式としての「殉葬」が執りおこなわれた可能性について、今後さらに注視していく必要がある。

ところで、七〇〇万年ほどの人類の歴史において、死者を埋葬する風習があらわれるのは一〇万年ほど前、つい最近の出来事である。仲間の結束とともに、行動をともにする近親縁者、

図42 ● 極東のウデへの女性シャーマン（G.パブリシン画）
カリンバ遺跡の合葬墓から発掘された、色鮮やかな3000年前の衣装や飾り色の世界と死後の世界への思いは、北の人びとの精神文化とも相通ずる。

あるいは自身の死に際し、心の動揺、不安、悲しみ、恐怖などの感情を強く抱くようになったためとみられる。そして、その感情をいくらかでもやわらげ、鎮めあう新たな仕組み、すなわち死後の世界を創作し、命の再生・回帰へと導く諸々の儀礼や信仰を編みだしたようである。その儀式を執行し、他界へと導くのが、呪術師、あるいはシャーマンなどと称される語り部たちの役割である。古今東西、男性とは限らない。

東北アジアには現代も生きつづける多くの部族に女性シャーマンがおり（図42）、縄文の色と飾りの世界を彷彿とさせる例も知られている。死後の世界は、部族ごとに多様であり、あらためて世界的視野での研究が欠かせない。

シャーマンのその後と縄文社会像

時代はやや下るが、卑弥呼が邪馬台国を治めていたことはよく知られている。『魏書』の倭人伝に「鬼道を事とし、能く衆を惑わす」とある卑弥呼は、吉凶を占う術に長けた人物、すなわち巫女（シャーマン）とみられている。また、同じ『魏書』の東夷伝の馬韓についての記載に「瓔珠を以って財宝となし、或いは衣に飾り付けたり、或いは頸にかけ、耳に垂らしたりする。金銀錦毛織物を珍宝とはしない」とあり、卑弥呼の姿を思わせる。

やがて律令時代、冠位十二階の制定、大化の薄葬令、七色十三階の冠位制定など身分制の施行にともない、位階ごとに定められた冠色や服色で身を包む、日本の伝統美とも称される色彩の世界へと姿を変える。微妙、繊細な色を使い分ける染色法の教えがいまに残っている。

卑弥呼の飾りが賑やかで派手な「ガラガラ」タイプ、律令時代の飾りは、「かさねの色目」タイプのおしゃれとでもいいあらわせようか。

人びとを驚かせたカリンバ遺跡の飾りの世界は、この両者を兼ね備えた世界である。これまで縄文の芸術や美は、表面の凹凸など立体的動線によって表現された世界を対象に語られてきたが、三〇〇〇年ほど前のカリンバ遺跡の色鮮やかな飾りは、芸術にかかわるもうひとつの根源的世界、色彩スペクトルに新たな光をあてることになったことはまちがいない。今後いっそうの研究の進展が期待される。

カリンバ遺跡のみごとな装身具の世界を、シャーマニズム、あるいは女性シャーマンの役割や時代を想定しつつ考察してきたが、そのごく一端が明らかになったにすぎず、多くが未解明である。カリンバ遺跡での飾りの世界が、いかなる意味をもち、その後どのように展開したかは、ほとんどが今後の課題である。

アフリカ生まれのロックアート研究の世界的権威で、世界のシャーマニズムにくわしいデヴィッド・ルイス・ウィリアムは、「広い社会的ネットワークを通じて奉献された」色彩のスペクトルが、孤立して完結するような平等主義的な小さな狩猟集団のようなものでもたらされるものではないとし、シャーマニズムがはたす役割の大きさを説いている。豊かさを享受する平等な社会であったという縄文社会像が真に正しいのか、その興味はつきない。女性の占める社会的地位と役割をより具体的に明らかにすることこそ、喫緊の課題といえよう。

遺跡や遺物を未来へ引き継ぐ

カリンバ遺跡での調査は、比類ない色鮮やかな縄文時代の精神世界を映しだし、人びとを驚かせた。こうした予期せぬ展開は考古学の魅力のひとつである。

その一方で、科学は日進月歩である。将来の検証のため、いかに遺跡を保存しつづけるかが、考古学者の大きな責務であり、力量が問われる点である。遺跡や遺物を未来へ引き継ぐことの重要性を私（木村）は、学生時代の千葉県の加曽利貝塚や奈良県の平城宮址の保存運動を通して鍛えられてきた。

カリンバ遺跡では、破壊を最小限に食い止め、遺跡の広い範囲を将来に残すことができたことは、発掘調査指導担当者としては何よりの幸運であった。調査をともにした作業員や大勢の市民の支援があってのことで、また恵庭市および教育委員会の関係者の深い理解があったからにほかならない。

さらに、国立歴史民俗博物館の佐原眞館長（当時、故人）や奈良国立文化財研究所の沢田正昭埋蔵文化財センター長（当時）、佐賀女子短期大学の高島忠平学長（当時）など多くの方々から指導・助言をいただき、目的をはたすことができた。貴重な文化遺産の適切な保存処置に直接あたったのが、（株）東都文化財研究所の朝重嘉郎社長（当時）である。感謝申し上げる。

なお、本書の執筆は主に木村英明が担当したが、カリンバ遺跡の直接の発掘担当者・上屋眞一による現地での詳細な調査と研究成果を基本としており、互いに意見交換や議論を積み重ねながらまとめあげたものである。

参考文献

阿部明義　二〇〇三「キウス４遺跡における縄文時代後期後半の土器編年」『キウス４遺跡（10）』（財）北海道埋蔵文化財センター

上屋眞一編　二〇〇三〜四『カリンバ３遺跡（１〜３）』恵庭市教育委員会

上屋眞一・木村英明　二〇一四「北海道恵庭市カリンバ遺跡の大型合葬墓と埋葬様式」『考古学研究』六〇—四、考古学研究会

上屋眞一・木村英明　二〇一六『国指定史跡カリンバ遺跡と柏木Ｂ遺跡』同成社

恵庭市郷土資料館　二〇〇七『図録カリンバ３遺跡』恵庭市教育委員会

木村英明　一九八五『いわゆる北大式土器とその文化に関する基礎的研究（予報）』

木村英明編　一九八一『柏木Ｂ遺跡』恵庭市教育委員会

木村英明ゼミナール　一九八五「カリンバ３遺跡における考古学的調査—第四次調査—」『教養ゼミナール論集』一一、札幌大学教養部

河野広道・藤本英夫　一九六一「御殿山墳墓群について」『考古学雑誌』四六—四、日本考古学会

コチェシュコフ・Ｎ・Ｖ　一九九七『ロシア極東先住民』ロシア科学アカデミー極東諸民族歴史・考古・民族学研究所・博物館

古原敏弘編　一九八四「御殿山遺跡とその周辺における考古学的調査」『静内町遺跡分布調査報告書　その二』静内町教育委員会

佐藤　剛　二〇〇三「Ｘ－10における墓壙の構築順について」『キウス４遺跡（５）』（財）北海道埋蔵文化財センター

土肥　孝　一九九七「縄文時代の装身具」『日本の美術２』三六九、至文堂

藤本英夫編　一九六三『GOTENYAMA-Plates-』（第二分冊、写真編）、静内町教育委員会

藤原秀樹　二〇〇〇「キウス４遺跡、キウス周堤墓群における周堤墓の分類と新旧関係」『千歳市キウス４遺跡（５）』北海道埋蔵文化財センター調査報告書第一四四集

北海道教育委員会　一九七七〜九『美沢川流域の遺跡群』『美沢川流域の遺跡群Ⅱ』『美沢川流域の遺跡群Ⅲ』

土肥研晶・柳瀬由佳編　二〇〇九年『西島松５五遺跡（６）』北海道埋蔵文化財センター調査報告書第二六〇集

カリンバ遺跡

・北海道恵庭市　黄金中央5丁目２１６ほか

・交通　ＪＲ恵庭駅から北へ約８００メートル、徒歩10分。

発掘調査された部分は市道「団地中央通」になったが、その両側に遺跡が広がっており、現在、保存され、標柱と解説板が設置されている。段丘面北側の低地にある森と史跡の東にあるカリンバ自然公園にはカリンバ川の名残りがあり、ミズバショウやオオバナノエンレイソウなどが咲き誇り、当時の自然の美しさをいまに伝えている。

カリンバ遺跡

恵庭市郷土資料館

・恵庭市南島松１５７―２

・電話　０１２３（３７）１２８８

・開館時間　９：30～17：00

・休館日　月曜日（祝日の場合は開館し火・水休館）、祝日の翌日、毎月最終金曜日、１２月２８日～１月３日

・入館料　無料

・交通　ＪＲ島松駅より徒歩40分。ＪＲ恵み野駅よりエコバス循環Ｂコース「恵み野東7丁目」下車、徒歩10分

カリンバ展示室にて、合葬墓から出土した重要文化財３９７点のうち、劣化を防ぐため複製品を展示している漆塗り装身具をのぞいて、首飾りや腕輪などの玉と土器の実物を展示。また単葬墓に副葬されていた漆塗り装身具（櫛と腕輪）、玉（首飾りや腕輪）、石棒などの実物を展示している。またロビーには、大型合葬墓２個の実物大のレプリカを展示している。重要文化財の漆塗り装身具は、毎年秋に約1週間、恵庭市内の施設で展示公開している。

恵庭市郷土資料館

123 号合葬墓のレプリカ

遺跡には感動がある

――シリーズ「遺跡を学ぶ」刊行にあたって――

「遺跡には感動がある」。これが本企画のキーワードです。

あらためていうまでもなく、専門の研究者にとっては遺跡の発掘こそ考古学の基礎をなす基本的な手段です。また、はじめて考古学を学ぶ若い学生や一般の人びとにとって「遺跡は教室」です。

日本考古学では、もうかなり長期間にわたって、発掘・発見ブームが続いています。そして、毎年厖大な数の発掘調査報告書が、主として開発のための事前発掘を担当する埋蔵文化財行政機関や地方自治体などによって刊行されています。そこには専門研究者でさえ完全には把握できないほどの情報や記録が満ちあふれています。しかし、その遺跡の発掘によってどんな学問的成果が得られたのか、その遺跡やそこから出た文化財が古い時代の歴史を知るためにいかなる意義をもつのかなどといった点を、莫大な記述・記録の中から読みとることははなはだ困難です。ましてや、考古学に関心をもつ一般の社会人にとっては、刊行部数が少なく、数があっても高価なその報告書を手にすることすら、ほとんど困難といってよい状況です。

いま日本考古学は過多ともいえる資料と情報量の中で、考古学とはどんな学問か、また遺跡の発掘から何を求め、何を明らかにすべきかといった「哲学」と「指針」が必要な時期にいたっていると認識します。

本企画は「遺跡には感動がある」をキーワードとして、発掘の原点から考古学の本質を問い続ける試みとして、日本考古学が存続する限り、永く継続すべき企画と決意しています。いまや、考古学にすべての人びとの感動を引きつけることが、日本考古学の存立基盤を固めるために、欠かせない努力目標の一つです。必ずや研究者のみならず、多くの市民の共感をいただけるものと信じて疑いません。

二〇〇四年一月

戸沢充則

著者紹介

木村英明（きむら・ひであき）

1943年、北海道札幌市生まれ。

明治大学大学院文学研究科修士課程修了。史学博士、ロシア科学アカデミー名誉博士。

札幌大学文化学部教授、同大学院文化学研究科長などを歴任、2008年に退職。「カリンバ遺跡」史跡整備検討委員会委員長（前）、遠軽市白滝ジオパーク交流センター名誉館長ほか。

主な著書　『北の黒曜石の道　白滝遺跡群』（シリーズ「遺跡を学ぶ」012、新泉社）、『シベリアの旧石器文化』（北海道大学図書刊行会）、『黒曜石原産地遺跡―「白滝コード」を読み解く』（六一書房）、『氷河期の極北に挑むホモ・サピエンス』（雄山閣）ほか。

上屋眞一（うわや・しんいち）

1952年、鹿児島県出水市生まれ。

札幌大学外国語学部ロシア語学科卒業。

恵庭市教育委員会社会教育課に勤務し、文化財保護、発掘調査、郷土資料館の整備などに従事し、2013年に退職。

主な著作　「恵庭市カリンバ3遺跡の装身具」（『考古学ジャーナル』466号、ニューサイエンス社）、「北海道カリンバ遺跡」（『季刊考古学』95号、雄山閣）、「北海道恵庭市カリンバ遺跡の大型合葬墓と埋葬様式」（共著、『考古学研究』60-4、考古学研究会）ほか。

写真提供
図9（完形土器）：小川忠博ほか／図12（1・2）：佐藤孝雄（慶應義塾大学）／図40（右）：東京国立博物館 TNM Image Archives、ほか著者
図版提供
図2：国土地理院2万5千分の1地形図「恵庭」／図11（1～9）：阿部明義 2003／図12（3～5）：古原 1984／図42：コチェシュコフ 1997、ほか著者

シリーズ「遺跡を学ぶ」128

縄文の女性シャーマン　カリンバ遺跡

2018年 9月 15日　第1版第1刷発行

著　者＝木村英明・上屋眞一

発行者＝株式会社 新 泉 社
東京都文京区本郷2−5−12
TEL 03（3815）1662 ／ FAX 03（3815）1422
印刷／三秀舎　製本／榎本製本

ISBN978−4−7877−1838−9　C1021

シリーズ「遺跡を学ぶ」

第1ステージ（各1500円＋税）

04	原始集落を掘る	尖石遺跡	勅使河原彰
07	豊饒の海の縄文文化	曽畑貝塚	木﨑康弘
12	北の黒曜石の道	白滝遺跡群	木村英明
14	黒潮を渡った黒曜石	見高段間遺跡	池谷信之
15	縄文のイエとムラの風景	御所野遺跡	高田和徳
17	石にこめた縄文人の祈り	大湯環状列石	秋元信夫
19	縄文の社会構造をのぞく	姥山貝塚	堀越正行
27	南九州に栄えた縄文文化	上野原遺跡	新東晃一
31	日本考古学の原点	大森貝塚	加藤 緑
36	中国山地の縄文文化	帝釈峡遺跡群	河瀬正利
37	縄文文化の起源をさぐる	小瀬ヶ沢・室谷洞窟	小熊博史
41	松島湾の縄文カレンダー	里浜貝塚	会田容弘
45	霞ヶ浦の縄文景観	陸平貝塚	中村哲也
54	縄文人を描いた土器	和台遺跡	新井達哉
62	縄文の漆の里	下宅部遺跡	千葉敏朗
70	縄紋文化のはじまり	上黒岩岩陰遺跡	小林謙一
71	国宝土偶「縄文ビーナス」の誕生	棚畑遺跡	鵜飼幸雄
74	北の縄文人の祭儀場	キウス周堤墓群	大谷敏三
78	信州の縄文早期の世界	栃原岩陰遺跡	藤森英二
80	房総の縄文大貝塚	西広貝塚	忍澤成視
83	北の縄文鉱山	上岩川遺跡群	吉川耕太郎
86	京都盆地の縄文世界	北白川遺跡群	千葉 豊
87	北陸の縄文世界	御経塚遺跡	布尾和史
89	狩猟採集民のコスモロジー	神子柴遺跡	堤 隆
92	奈良大和高原の縄文文化	大川遺跡	松田真一
97	北の自然を生きた縄文人	北黄金貝塚	青野友哉
別1	黒耀石の原産地を探る	鷹山遺跡群	黒耀石体験ミュージアム
別3	ビジュアル版	縄文時代ガイドブック	勅使河原彰

第2ステージ（各1600円＋税）

107	琵琶湖に眠る縄文文化	粟津湖底遺跡	瀬口眞司
110	諏訪湖底の狩人たち	曽根遺跡	三上徹也
113	縄文のタイムカプセル	鳥浜貝塚	田中祐二
120	国宝土偶「仮面の女神」の復元	中ッ原遺跡	守谷昌文
124	国宝「火焔型土器」の世界	笹山遺跡	石原正敏